The
LITTLE BLACK
SONGBOOK

Folk Songs

Amsco Publications
A part of **The Music Sales Group**
New York/London/Paris/Sydney/Copenhagen/Berlin/Tokyo/Madrid

Order No. AM986018
ISBN-10: 0-8256-3576-4
ISBN-13: 978-0-8256-3576-2

Compiled by Amy Appleby
Layout: Sol y Luna Creations

Exclusive Distributors:
Music Sales Corporation
257 Park Avenue South, New York, NY, 10010 USA

Music Sales Limited
14/15 Berners Street, London, W1T 3LJ, England

Music Sales Pty. Limited
120 Rothschild Street, Rosebery, Sydney, NSW 2018, Australia

Printed in China

www.musicsales.com

All My Trials

Traditional

Intro		C		Gm	C		F	
		C		D7	Fm		C	

Verse 1

C   Gm
If religion was a thing that money could buy,
     C   F
The rich would live and the poor would die.
C   D7   Fm   C
All my trials, Lord, will soon be over.

Verse 2

C   Gm
Go to sleep my little baby, and don't you cry,
     C   F
Your Dad was born just to live and die.
C   D7   Fm   C
All my trials, Lord, will soon be over.

Chorus

C   F
Too late my brothers, too late, but never mind.
C   D7   Fm   C
All my trials, Lord, will soon be over.

Link		C		Gm	C		F	
		C		D7	Fm		C	

Verse 3

```
C                                    Gm
Oh, I have a little book that sets me free,
C                    F
My Bible, it spells "Liberty."
C      D7           Fm      C
All my trials, Lord, will soon be over.
```

Verse 4

```
C                                    Gm
Yes, a man was born to suffer agony,
C                         F
His will to live spells "Victory."
C      D7           Fm      C
All my trials, Lord, will soon be over.
```

Chorus

```
C                                       F
Too late my brothers, too late, but never mind.
C      D7           Fm      C
All my trials, Lord, will soon be over.
```

All Through The Night

Traditional

Intro | Em | | A | A7 |

Verse 1
D   G   E   A
Sleep my child, and peace attend Thee,
G A7   D
All through the night;
           G   E   A
Guardian angels, God will send Thee,
G A7   D
All through the night;
Em
Soft the drowsy hours are creeping,
           A   A7
Hill and vale in slumber sleeping.
D   G   E   A
God his loving vigil keeping,
G A7   D
All through the night.

Verse 2
D   G   E   A
While the moon her watch is keeping,
G A7   D
All through the night;
           G   E   A
While the weary world is sleeping
G A7   D
All through the night;
Em
Through your dreams you're swiftly stealing,
         A   A7
Visions of delight revealing.
D   G   E   A
Christmas time is so appealing,
G A7   D
All through the night.

Link
```
| D      | G      | E    | A    |
| G      | A7     | D    | A7   |
```

Verse 3
       D   **G**   **E**   **A**
You, my God, a Babe of wonder,
G   A7   **D**
All through the night;
                 G   **E**   **A**
Dreams you dream can't break from thunder,
G   A7   **D**
All through the night.
Em
Children's dreams cannot be broken;
              A   **A7**
Life is but a lovely token.
D   **G**   **E**   **A**
Christmas should be softly spoken,
G   A7   **D**
All through the night.

Amazing Grace

Words by John Newton
Scottish Air

Intro | G | G7 | C | D7 |

                                G   G7   C   G

Verse 1   Amazing grace, how sweet the sound,
                                   A   D   D7
                  That saved a wretch like me!
                                 G   G7   C   G
                  I once was lost, but now am found,
                                 Em   D7 G
                  Was blind but now I see.

                                 G   G7   C   G

Verse 2   'Twas grace that taught my heart to fear,
                                   A   D   D7
                  And grace my fears relieved;
                                 G   G7   C   G
                  How precious did that grace appear
                         Em D7 G
                  The hour I first believed.

                               G   G7   C   G

Verse 3   The Lord has promised good to me,
                                   A   D   D7
                  His word my hope secures;
                                 G   G7   C   G
                  He will my shield and portion be,
                       Em   D7 G
                  As long as life endures.

Link	G	G7	C	G	
		A	D	D7	
	G	G7	C	G	
		Em	G	D7	

Verse 4

       G   G7   C   G
When we've been here ten thousand years,
              A   D   D7
Bright shining as the sun,
       G   G7   C   G
We've no less days to sing God's praise,
      Em   D7   G
Than when we'd first begun.

Verse 1

       G   G7   C   G
Amazing grace, how sweet the sound,
             A   D   D7
That saved a wretch like me!
    G   G7   C   G
I once was lost, but now am found,
      Em   D7 G
Was blind but now I see.

Annie Laurie

Words by William Doublas
Music by Lady John Scott

Intro | A | D | Bm E | A E7 |

Verse 1

      A   D
Maxwelton's braes are bonnie,
        A   B7   E7
Where early fa's the dew.
           A   D
And it's there that Annie Laurie
      A   E7   A
Gave me her promise true,
           E   A
Gave me her promise true,
       F♯m   Bm   C♯
Which ne'er forgot will be.

Chorus

   E7   F♯m D   A
And for bonnie Annie Laurie
E7 F♯m Bm E7 A
I'd lay me doon   and die.

Verse 2

      A   D
Her brow is like the snawdrift,
      A   B7   E7
Her neck is like the swan.
      A   D
Her face it is the fairest,
      A   E7   A
That e'er the sun shone on,
         E   A
That e'er the sun shone on,
     F♯m   Bm C♯
And dark blue is her e'e.

<table>
<tr><td>Chorus</td><td>E7   F#m D   A
And for bonnie Annie Laurie
E7 F#m   Bm E7 A
I'd lay me doon and die.</td></tr>
</table>

E7   F#m D   A
And for bonnie Annie Laurie
E7 F#m   Bm E7 A
I'd lay me doon and die.

Chorus

Link | **A** | **D** | **Bm E | A E7** |

Verse 3

    A   **D**
Like dew on th'gowan lying,
   A   **B7**
Is th' fa' o' her fairy feet.
      A   **D**
And like winds in summer sighing,
   A   **E7**   **A**
Her voice is low and sweet,
       E   **A**
Her voice is low and sweet,
   F#m **Bm**   **C#**
And she's a' the world to me.

Chorus

E7   F#m D   A
And for bonnie Annie Laurie
E7 F#m   Bm E7 A
I'd lay me doon and die.

A-Roving

Traditional

Verse 1

    D   A7   D
In Amsterdam there lived a maid,
A7   D
Mark well what I do say,
         A7   D
In Amsterdam there lived a maid,
     A7   D
Mark well what I do say,
     G   D
In Amsterdam there lived a maid,
     G   D   A7
And she was mistress of her trade.

Chorus

     D   G   D/A A7 D
I'll go no more roving with you, fair maid,
     G   D
A-roving, a-roving,
        G   D A7
Since roving's been my ru–in,
D   G   D/A A7 D
I'll go no more roving with you, fair maid.

Verse 2

     D   A7   D
Her eyes are like two stars so bright,
     A7   D
Mark well what I do say,
D   A7   D
Her eyes are like two stars so bright,
     A7   D
Mark well what I do say,
     G   D
Her eyes are like two stars so bright,
     D   D   A7
Her face is fair, her step is light.

Chorus

Verse 3

```
        D               A7      D
Her cheeks are like the rosebuds red,
        A7      D
Mark well what I do say,
D               A7      D
Her cheeks are like the rosebuds red,
        A7      D
Mark well what I do say,
        G                       D
Her cheeks are like the rosebuds red,
        G       D       A7
There's wealth of hair upon her head.
```

Chorus

Verse 4

```
        D       A7      D
I love this fair maid as my life,
A7              D
Mark well what I do say,
        D       A7      D
I love this fair maid as my life,
        A7      D
Mark well what I do say,
        G                       D
I love this fair maid as my life,
        G               D       A7
And soon she'll be my little wife.
```

Chorus

Verse 5

```
        D       A7              D
And if you'd know this maiden's name,
        A7      D
Mark well what I do say,
        D       A7              D
And if you'd know this maiden's name,
        A7      D
Mark well what I do say,
        G                       D
And if you'd know this maiden's name,
        G                       D       A7
Why soon like mine 'twill be the same.
```

Chorus

The Ash Grove

Traditional

Intro

A		Bm	
E	A	D	
A E7			

Verse 1

     A
The ash grove, how graceful,
   Bm   **E**
How plainly 'tis speaking,
  A   **D**   **A**   **E7 A**
The harp through it playing has language for me;
                             Bm   **E**
Whenever the light through its branches is breaking,
  A   **D**   **A**   **E7 A**
A host of kind faces is gazing on me.
                   D   **E7**   **A**
The friends of my childhood again are before me,
E   **F♯m**   **E**   **B7**   **E**
Each step wakes a mem'ry as freely I   roam.
     A   **Bm**   **E**
With soft whispers laden its leaves rustle o'er me,
   A   **D**   **A**   **E7 A**
The ash grove, the ash grove alone is my home.

Link

A		Bm	
E	A	D	
A E7			

Verse 2

     A   Bm   E

My lips smile no more, my heart loses its lightness,

    A   D   A   E7 A

No dream of my future my spirit can cheer;

                       Bm   E

I only would brood on the past and its brightness,

    A   D   A   E7 A

The dead I have mourn'd are again living here.

                      D   A E7   A

From ev'ry dark nook they press forward to meet me,

E   F♯m   E   B7 E

I   lift up my eyes to the broad leafy   dome,

    A   Bm   E

And others are there looking downward to greet me,

    A   D   A   E7 A

The ash grove, the ash grove alone is my home.

Auld Lang Syne

Words by Robert Burns
Traditional

Verse 1

          D   **A**
Should auld acquaintance be forgot,
     D   **D7**   **G**
And never brought to mind?
         D   **A7**
Should auld acquaintance be forgot,
F♯7 Bm   **Em7 A7** **D**
And days of Auld   Lang Syne?

Chorus

A7 D   **A7**
For Auld Lang Syne, my dear,
    D   **D7 G**
For Auld Lang Syne,
       D   **A7**
We'll tak' a cup of kindness yet,
F♯7 Bm G **A7 D**
For Auld La - ng   Syne!

Verse 2

             A
And surely ye'll be your pint-stowp,
    D   **D7**   **G**
And surely I'll be mine,
      D   **A7**
We'll tak' a cup of kindness yet,
F♯7 Bm G **A7 D**
For Auld La - ng   Syne!

Chorus

Verse 3

          A
We twa ha'e run about the braes,
    D   **D7**   **G**
And pou'd the gowans fine,
      D   **A7**
But we've wander'd monie a weary fit,
F♯7 Bm G **A7 D**
Sin' Auld La - ng   Syne!

Chorus

                                    A
Verse 4   We twa ha'e paidl'd in the burn
                    D   **D7**   **G**
                Frae morning sun till dine,
                    D   **A7**
                But seas between us braid ha'e roar'd
                F♯7 Bm G   A7 D
                In   Auld La - ng   Syne!

Chorus

                                        A
Verse 5   And there's a hand my trusty fiere,
                    D   **D7**   **G**
                And gie's a hand o' thine,
                            D   **A7**
                And we'll tak' a right guid-willie waught,
                F♯7 Bm G   A7 D
                For Auld La - ng   Syne.

                A7 D   **A7**
Chorus   For Auld Lang Syne, my dear,
                    D   **D7 G**
                For Auld Lang Syne,
                        D   **A7**
                We'll tak' a cup of kindness yet,
                F♯7 Bm G   A7 D
                For Auld La - ng   Syne!

Aura Lee

Words by W.W. Fosdick
Music by George R. Poulton

Verse 1

  E   F♯m F♯7
As the blackbird in the spring,
B7   E
'Neath the willow tree,
                F♯m   F♯7
Sat and piped, I heard him sing,
  B7   E
In praise of Aura Lee.

Chorus

            G♯7
Aura Lee, Aura Lee,
C♯m   F♯m/A G♯
Maid with golden   hair,
E   A/E F♯7
Sunshine came along with thee,
    B7   E
And swallows in the air.

Verse 2

                  F♯m   F♯7
Take my heart and take my ring,
  B7   E
I give my all to thee,
             F♯m F♯7
Take me for eterni–ty,
B7   E
Dearest Aura Lee.

Chorus

            G♯7
Aura Lee, Aura Lee,
C♯m   F♯m/A G♯
Maid with golden   hair,
E   A/E F♯7
Sunshine came along with thee,
    B7   E
And swallows in the air.

Verse 3

  E   F♯m   F♯7
In her blush the rose was born,
        B7   E
'Twas music when she spake,
                F♯m   F♯7
In her eyes the light of morn,
B7   E
Sparkling, seemed to break.

Chorus

             G♯7
Aura Lee, Aura Lee,
C♯m   F♯m/A G♯
Maid with golden   hair,
E   A/E   F♯7
Sunshine came along with thee,
        B7   E
And swallows in the air.

Verse 4

                    F♯m   F♯7
Aura Lee! The bird may flee,
        B7   E
The willow's golden hair,
                F♯m   F♯7
Swing through winter fitfully,
B7   E
On the stormy air.

Chorus (alt)

             G♯7
Yet if thy blue eyes I see,
C♯m   F♯m/A G♯
Gloom will soon de— — — —part;
E   A/E   F♯7
For to me, sweet Aura Lee
    B7   E
Is sunshine through the heart.

Banana Boat Song

Jamaican

Chorus

G
Day-oh, day-oh,
     D7 **G**
Daylight come and me wan' go home.

Day-oh, day-oh,
     D7 **G**
Daylight come and me wan' go home.

Verse 1

Come, Mr. Tally Mon, tally me banana,
     D7 **G**
Daylight come and me wan' go home.

Come, Mr. Tally Mon, tally me banana,
     D7 **G**
Daylight come and me wan' go home.

Verse 2

It's six hand, seven hand, eight hand, bunch!
     D7 **G**
Daylight come and me wan' go home.

It's six hand, seven hand, eight hand, bunch!
     D7 **G**
Daylight come and me wan' go home.

Chorus

G
Day-oh, day-oh,
     D7 **G**
Daylight come and me wan' go home.

Day-oh, day-oh,
     D7 **G**
Daylight come and me wan' go home.

Verse 3   We load bananas till the early light,

                          D7   **G**

       Daylight come and me wan' go home.

       Sleep all day and work all night,

                          D7   **G**

       Daylight come and me wan' go home.

Verse 4   Some men work, some men make love,

                          D7   **G**

       Daylight come and me wan' go home.

       We load bananas while the moon above,

                          D7   **G**

       Daylight come and me wan' go home.

       G

Chorus   Day-oh, day-oh,

                          D7   **G**

       Daylight come and me wan' go home.

       Day-oh, day-oh,

                        D7   **G**

       Daylight come and me wan' go home.

Banks Of The Ohio

Traditional

Intro | D | A7 | D |

Verse 1

           D   A7
I asked my love to take a walk,
                      D
To take a walk, just a little walk.
D7   G
Down beside, where the waters flow,
        D   A7   D
Down by the banks   of the Ohio.

Verse 2

           D   A7
And only say that you'll be mine,
               D
In no other arms entwine.
D7   G
Down beside, where the waters flow,
        D   A7   D
Down by the banks   of the Ohio.

Link | D | | A7 | | |
        | | | D | | |

Verse 3

      D   **A7**
I held a knife against her breast.
               D
As into my arms she pressed.
        D7   **G**
She cried "Oh Willie, don't you murder me;
        D   **A7**   **D**
I'm not prepared   for eternity."

Verse 4

      D   **A7**
I started home 'tween twelve and one.
                 D
I cried, "My God, what have I done?"
   D7   **G**
Killed the only woman I loved.
      D   **A7**   **D**
Because she would   not be my bride.

Barbara Allen

Traditional

Intro
```
|D    G  |A Bm A |
|D Bm E |A7      |
```

Verse 1

           D   **G**   **A** **Bm**
In Scarlet town,   where I was born;
A   **D**   **Bm**   **E**   **A**
   There was a fair   maid dwellin',
A7   **G**   **A7 D**
Made ev'ry youth cry "Well-a-day!"
A   **D**   **G**   **D**
   Her name was Barb'ra Allen.

Verse 2

           D   **G A**   **Bm**
'Twas in the merry month of May,
A   **D**   **Bm E**   **A**
   When green buds they were swellin',
A7 **G**   **A7 D**
Sweet William on his deathbed lay
A   **D**   **G**   **D**
   For love of Barb'ra Allen.

Verse 3

          D   **G A**   **Bm**
He sent a servant to the town,
A   **D**   **Bm E** **A**
   The place where she   was dwellin',
A7 G   **A7 D**
"My master's sick and bids you come,
A   **D**   **G**   **D**
   If you be Barb'ra Allen."

Link

```
| D    G  | A Bm A | D  Bm  E |
| A    A7 | G      A7| D      A  |
| D G A | D        |
```

Verse 4

      D   **G**   **A**   **Bm**
Oh mother, mother, make my bed,
A   **D**   **Bm E A**
  And make it long and narrow.
A7   **G**   **A7 D**
Sweet William died for   love of me;
A   **D**   **G**   **D**
  I'll die for him of sorrow.

Verse 5

      D   **G**   **A**   **Bm**
"Farewell," she said,   "Ye maidens all,
D   **D**   **Bm E A**
  And shun the fault I   fell in:
A7   **G**   **A7 D**
Henceforth take warning by the fall
A   **D**   **G**   **D**
  Of cruel Barb'ra Allen."

Beautiful Dreamer

Words and Music by Stephen Foster

Verse 1

D   Em
Beautiful dreamer, wake unto me,
A7   D
Starlight and dewdrops are waiting for thee;
                        Em
Sounds of the rude world heard in the day,
A7   D
Lulled by the moonlight have all passed away.
A7   D
Beautiful dreamer, queen of my song,
E7   A
List while I woo thee with soft melody;
D   Em
Gone are the cares of life's busy throng.

Chorus

A7   D   F♯/C♯ Bm
Beautiful dreamer, awake unto me!
G   D/A   A7   D
Beautiful dreamer, awake unto me!

Verse 2	**Em** Beautiful dreamer, out on the sea, **A7** **D** Mermaids are chanting the wild lorelie; **Em** Over the streamlet vapors are borne, **A7** **D** Waiting to fade at the bright coming morn. **A7** **D** Beautiful dreamer, beam on my heart, **E7** **A** E'en as the morn on the streamlet and sea; **D** **Em** Then will all clouds of sorrow depart.

Chorus	**A7** **D** **F#/C#** **Bm** Beautiful dreamer, awake unto me! **G** **D/A** **A7** **D** Beautiful dreamer, awake unto me!

Bendemeer's Stream

Irish

Verse 1

       G
There's a bower of roses,
G7 C   Cm   G
By Bendemeer's stream,
      D7sus4   D7
And the nightingale sings,
     C   **G**
'Round it all the day long.

In the time of my childhood
G7   C   Cm   G
'Twas like a sweet dream,
D7sus4   D7
To sit by the   roses,
     C   **G**
And hear the bird's song.

Chorus 1

      D7
That bow'r and its music
  C   **G**
I ne'er can forget,

But oft when alone,
      A7   **D7**
In the bloom of the year,
 G   **G7**
I think, "Is the nightingale
C   **Cm G**
Singing there yet?
     D7sus4 D7
Are the roses still bright,
     C   **G**
By the calm Bendemeer?"

Verse 2

          G
No, the roses soon withered,
G7 **C**   **Cm G**
That hung o'er the wave,
       D7sus4   **D7**
But the blossoms were gathered,
       C   **G**
While freshly they shone,

And the dew was distilled,
 G7 C   **Cm G**
On the flowers, that gave.
      D7sus4   **D7**
All the fragrance of summer,
       C   **G**
When summer is gone.

Chorus 2

     D7
Thus memory draws,
      C   **G**
From delight,there it dies,

An essence that breathes,
  A7   **D7**
Of it many a year.
   G   **G7**
Thus, bright to my soul,
    C   **Cm G**
As 'twas then to my eyes,
  D7sus4   **D7**
Is that bow'r on the banks,
    C   **G**
Of the calm Bendemeer?

Big Rock Candy Mountain

Traditional

Verse 1

      D   **A7**   **D**   **A7**
On a summer day in the month of May,
D   **A7**   **D**
A burly bum came hiking,
             A7   **D**   **A7**
Down a shady lane through the sugar cane,
     D   **A7**   **D**
He was looking for his liking.
A7   **D**
As he roamed along he sang this song,
A7   **D**
Of the land of milk and honey,
          A7 **D**   **A7**
Where a bum can stay for many a day,
     D   **A7 D**
And he won't need any money.

Chorus

     D
Oh the buzzin' of the bees in the cigarette trees,
     G   **D**
Near the soda water fountain,
     G   **A7**
By the lemonade springs,
     D   **Bm**
Where the bluebird sings,
    D/A   **A7**   **D**
In the Big Rock Candy Mountain.

Verse 2

      D   **A7**   **D**   **A7**
In the Big Rock Candy Mountain, boys,
     D **A7**   **D**
You never change your socks.
      A7   **D** **A7**
And little streams of alkyhol,
     D   **A7**   **D**
Come trickling down the rocks.
   A7   **D**
All the sheriffs have to tip their hats,
   A7   **D**
And the railroad bulls are blind.
         A7   **D**   **A7**
There's a lake of stew and of whiskey too,
     D   **A7**   **D**
In the Big Rock Candy Mountain.

Chorus

Verse 3
        D   **A7**   **D**   **A7**
In the Big Rock Candy Mountain, boys,
        D   **A7**   **D**
The cops have wooden legs
                A7   **D**   **A7**
And the bulldogs all have rubber teeth,
          D   **A7**   **D**
And the hens lay soft-boiled eggs.
  A7   **D/A**
The boxcars are all empty there,
        A7   **D**
And the sun shines ev'ry day.
          A7   **D**   **A7**
I'm bound to go where there ain't no snow,
    D   **A7**   **D**
In the Big Rock Candy Mountain.

Chorus

Verse 4
        D   **A7**   **D**   **A7**
In the Big Rock Candy Mountain, boys,
          D   **A7**   **D**
The jails are made of tin,
              A7   **D**   **A7**
And you can slip right out again,
        D   **A7**   **D**
Soon as they put you in.
      A7   **D/A**
There ain't no short-handled shovels there,
    A7   **D**
No axes, saws or picks,
          A7   **D**   **A7**
I'm bound to stay where they sleep all day,
    D   **A7** **D**
In the Big Rock Candy Mountain.

Bile Them Cabbage Down

Traditional

Chorus
```
E                 A
Bile them cabbage down, down,
E                      B
Turn them hoecakes 'round.
   E              A
The only song that I could sing,
   E      B7    E
Was bile them cabbage down.
```

Verse 1
```
E
Went up on the mountain,
                    B
Just to give my horn a blow,
E                 A
Thought I heard my true love say,
E      B7       E
"Yonder comes my beau."
```

Chorus

Verse 2
```
E
Took my gal to the blacksmith shop,
                         B
To have her mouth made small.
E               A
She turned 'round a time or two,
   E         B7        E
And swallowed shop and all.
```

Chorus

Verse 3

    E

Someone stole my old 'coon dog,

            B

Wish they'd bring him back.

 E   **A**

He chased the big ones through the fence,

     E   **B7**   **E**

And the little ones through the crack.

Chorus

Verse 4

    E

Met a 'possum in the road,

          B

Blind as he could be.

E   **A**

Jumped the fence and whipped my dog,

    E   **B7** **E**

And bristled up at me.

Chorus

Verse 5

    E

Once I had an old gray mule,

          B

His name was Simon Slick.

    E   **A**

He'd roll his eyes and back his ears,

    E   **B7**   **E**

And how that mule would kick.

Chorus

Verse 6

    E

How that mule would kick,

              B

He kicked with his dying breath.

    E   **A**

He shoved his hind feet down his throat,

    E   **B7**   **E**

And kicked himself to death.

Chorus

Billy Boy

Traditional

Intro | A | E | A/E E7 | A |

Verse 1
        A
Oh, where have you been,

Billy Boy, Billy Boy?

Oh, where have you been,
    E7
Charming Billy?

I have been to seek a wife,
    A
She's the joy of my life,
    A/E
She's a young thing
  E7   **A**
And cannot leave her mother.

Verse 2
        A
Did she bid you come in,

Billy Boy, Billy Boy?

Did she bid you come in,
    E7
Charming Billy?

Yes, she bade me to come in,
    A
Let me kiss her on the chin
    A/E
She's a young thing
  E7   **A**
And cannot leave her mother.

Verse 3

A

Can she bake a cherry pie,

Billy Boy, Billy Boy?

Can she bake a cherry pie,
E7
Charming Billy?

She can bake a cherry pie,
A
Quick as a cat can wink an eye,
A/E
She's a young thing
E7   **A**
And cannot leave her mother.

Verse 4

A

How old is she,

Billy Boy, Billy Boy?

How old is she,
E7
Charming Billy?

Three times six and four times seven,
A
Twenty-eight and eleven,
A/E
She's a young thing
E7   **A**
And cannot leave her mother.

Verse 5

A

Can she sing a pretty song,

Billy Boy, Billy Boy?

Can she sing a pretty song,
E7
Charming Billy?

She can sing a pretty song,
A
But she gets the words all wrong.
A/E   **E7**   **A**
She's a mother and cannot leave her young thing.

Black Is The Color Of My True Love's Hair

Traditional

Intro

| Em   Am | Em   D |
| Esus4 Em | B7 |

Verse 1

Em
Black, black, black,
Am   Em   D   Esus4
Is the color of my true love's hair.
Em   Am
  Her lips are like a rose so fair,
       C   Am   Em   C
And the prettiest face and the neatest hands.
 Em   Am
I love the grass whereon she stands,
Em   Am B7 Em
She with the wondrous hair.

Verse 2

Em
Black, black, black,
Am   Em   D   Esus4
Is the color of my true love's hair.
Em   Am
  Her face is something truly rare,
       C   Am   Em   C
Oh I do love my love and so well she knows.
 Em   Am
I love the ground whereon she goes,
Em   Am B7 Em
She with the wondrous hair.

Link

| Em   Am | Em   D |
| Esus4 Em | B7 |

Verse 3

Em
Black, black, black,
Am   Em   D   Esus4
Is the color of my true love's hair.
Em   Am
    Alone, my life would be so bare.
              C   Am
I would sigh, I would weep,
            Em   C
I would never fall asleep.
            Em   Am
My love is way beyond compare,
Em   Am   B7 Em
She with the wondrous hair.

Blow Ye Winds, High Ho

Traditional

Verse 1

    D   **A7**
'Tis advertised in Boston,
    D
New York, and Buffalo,
    Em   **A7**   **D**   **Bm**
Five hundred brave Americans,
    E7   **A**
A-whalin' for to go.
    D   **A7**
They send you to New Bedford
    D
That famous whaling port,
    Em   **A7**   **D**   **Bm**
And give you to some land-sharks
    E7   **A7**
To board and fit you out.

Chorus

    D   **Em** **A7**
Singing, blow ye winds in the morning,
    D   **F#m**
And blow ye winds, high-o!
G   **D**
Clear away your runnin' gear,
    A   **D**
And blow ye winds, high-o!

Verse 2

    D   **A7**
They tell you of the clipper ships,
    D
A-going in and out,
    Em   **A**   **D**   **Bm**
And say you'll take five hundred sperm
    E7   **A7**
Before you're six months out.
    D   **A7**
It's now we're out to sea, my boys,
    D
The winds begin to blow.
    Em **A7**   **D**   **Bm**
One half the watch is sick on deck,
    E7   **A7**
The other half below.

Chorus

Verse 3
```
        D                 A7
The skipper's on the quarterdeck,
        D
A-squintin' at the sails,
        Em A     D     Bm
When up aloft the lookout
E7                A7
Sights a school of whales.
        D               A7
Now clear away the boats, my boys,
        D
And after him we'll travel,
        Em   A7    D       Bm
But if you get too near his fluke,
        E7              A7
He'll kick you to the Devil.
```

Chorus

Verse 4
```
D                       A7
Now we've got him turned up,
        D
We'll tow him alongside,
        E7              A7
We over with our blubber-hooks
        E7              A7
And rob him of his hide.
D               A7          D
When we get home, our ship made fast,
                D           Bm
When we get through our sailing,
        Em   A7    D       Bm
A winding glass around we'll pass,
        E7              A7
And damn this blubberwhaling.
```

Chorus
```
        D                   Em  A7
Singing, blow ye winds in the morning,
        D                   F♯m
And blow ye winds, high-o!
G           D
Clear away your runnin' gear,
        A               D
And blow ye winds, high-o!
```

The Blue Bells Of Scotland

Scottish

Intro | C F | Dm7 G7 C |

               C
Verse 1 Oh where, tell me where
               F   G7   C
               Is your highland laddie gone?

Oh where, tell me where
F   G7   C
Is your highland laddie gone?
                    Am
He's gone wi' streaming banners,
   G   D7   G
Where noble deeds are done
   G7 C
And it's   oh, in my heart
F C   G7   C
I   wish him safe at home.

               C
Verse 2 Oh where, tell me where
               F   G7   C
               Did your highland laddie dwell?

Oh where, tell me where
F   G7   C
Did your highland laddie dwell?
                 Am7
He dwelt in bonnie Scotland
     G   D7   G
Where blooms the sweet blue bell
   G7 C
And it's   oh, in my heart
F C   G7   C
I   lo'e my laddie well.

Verse 3

       C
Oh what, tell me what
F   **G7**   **C**
If your highland lad be slain?

Oh what, tell me what
F   **G7**   **C**
If your highland lad be slain?
                  Am
Oh no, true love will be his guard
    G   **D7**   **G**
And bring him safe again
   G7 **C**
For it's   oh, my heart would break
F   **C**   **G7**   **C**
If my highland lad were slain.

The Blue Tail Fly

Traditional

Verse 1

        E   B7
When I was young I used to wait,
                     E
On master and hand him his plate.
                  A
Pass him the bottle when he was dry,
  B7   E
And brushed away the blue-tail fly.

Chorus

     E   B7
Jimmy crack corn, and I don't care,
                   E
Jimmy crack corn, and I don't care,
                 A
Jimmy crack corn, and I don't care,
  B7   E
Old master's gone away.

Verse 2

     E   B7
He used to ride each afternoon,
                 E
I'd follow him with a hick'ry broom.
                 A
The pony kicked his legs up high,
  B7   E
When bitten by the blue-tail fly.

Chorus

Verse 3

     E   B7
The pony jump, he run, he pitch,
                 E
He threw my master in the ditch.
                 A
My master died and who'll deny,
  B7   E
The blame was on the blue-tail fly.

Chorus

Verse 4

       E   **B7**
Old master's dead and gone to rest,
                       E
They say it happened for the best,
                A
I won't forget until I die,
    B7   **E**
My master and the blue-tail fly.

Chorus

Verse 5

       E   **B7**
A skeeter bites right through your clothes,
                    E
A hornet strikes you on the nose,
                  A
The bees may get you passing by,
    B7   **E**
But oh much worse, the blue-tail fly.

Chorus

    E   **B7**
Jimmy crack corn, and I don't care,
                  E
Jimmy crack corn, and I don't care,
                  A
Jimmy crack corn, and I don't care,
    B7   **E**
Old master's gone away.

Bobby Shaftoe

Traditional

Intro | Em | A7 | D | A7 |

Chorus

D   G/D   D
Bobby Shaftoe's gone to sea,
       A   D/A   A
With silver buckles on his knee,
D   G/D   D
He'll come back and marry me,
Em   A   D
Bonny Bobby Shaftoe.

Verse 1

D
Bobby Shaftoe's bright and fair,
A
Combing down his yellow hair,
D
He's my love for ever mair,
Em   A   D
Bonny Bobby Shaftoe.

Chorus

D   G/D   D
Bobby Shaftoe's gone to sea,
       A   D/A   A
With silver buckles on his knee,
D   G/D   D
He'll come back and marry me,
Em   A   D
Bonny Bobby Shaftoe.

Verse 2

D
Bobby Shaftoe's gettin' a bairn,
A
For to dangle on his airm,
D
In his airm and on his knee,
Em   **A**   **D**
Bobby Shaftoe loves me.

Chorus

D   **G/D**   **D**
Bobby Shaftoe's gone to sea,
      A   **D/A**   **A**
With silver buckles on his knee,
D   **G/D**   **D**
He'll come back and marry me,
Em   **A**   **D**
Bonny Bobby Shaftoe.

Buffalo Gals

Words and Music by John Hodges

Chorus 1

    D
Buffalo gals, won't you come out tonight,
           A7
Won't you come out tonight,
         D
Won't you come out tonight,
                 D
Buffalo gals, won't you come out tonight,
  A7   **D**
And dance by the light of the moon.

Verse 1

    D
I danced with a gal with a hole in her stockin',
    A7
And her heel kept a-rockin',
      D
And her toe kept a-knockin'.

I danced with a gal with a hole in her stockin'
    A7   **D**
And we danced by the light of the moon.

Chorus 2

  D
Yes pretty boys, we'll come out tonight,
    A7
We'll come out tonight,
      D
We'll come out tonight.
             D
Yes pretty boys, we'll come out tonight,
  A7   **D**
And dance by the light of the moon.

Verse 2

    D
As I was walking down the street,
A7   **D**
Down the street, down the street,
          D
A pretty little gal I chanced to meet,
  A7   **D**
Oh, she was fair to see.

Chorus 1

    D
Buffalo gals, won't you come out tonight,
     A7
Won't you come out tonight,
      D
Won't you come out tonight,
       D
Buffalo gals, won't you come out tonight,
  A7   **D**
And dance by the light of the moon.

Verse 3

    D
I asked her if she'd have a dance,
A7   **D**
Have a dance, have a dance,
      D
I thought that I might have a chance
   A7   **D**
To shake a foot with her.

Chorus 2

    D
Yes pretty boys, we'll come out tonight,
   A7
We'll come out tonight,
  D
We'll come out tonight.
      D
Yes pretty boys, we'll come out tonight,
  A7   **D**
And dance by the light of the moon.

Bury Me Not On
The Lone Prairie

Traditional

Verse 1

D
"Oh, bury me not on the lone prairie,
              Em   **D**
These words came slow and mournfully.

From the pallid lips of the youth who lay,
         Em **A7**   **D**
On his dying bed   at the close of day.

Verse 2

"Oh, bury me not on the lone prairie,
              Em7   **D**
Where the wild coyotes will howl o'er me.

In a narrow grave, just six by three,
         Em7 **A7**   **D**
Oh, bury me not   on the lone prairie."

Verse 3

"It matters not, I've oft been told,
           Em7   **D**
Where the body lies when the heart grows cold.

Yet grant, oh grant this wish to me,
        Em7 **A7**   **D**
Oh, bury me not   on the lone prairie."

Verse 4

"I've always wished to be laid when I die,
           Em7   **D**
In the little churchyard on the green hillside.

By my father's grave, there let mine be,
        Em7 **A7**   **D**
Oh, bury me not   on the lone prairie."

Verse 5   "Oh, bury me not," and his voice failed there,
            Em7   **D**
            But we took no heed to his dying prayer.

            In a narrow grave, just six by three,
                 Em7 **A7**   **D**
            We buried him there   on the lone prairie.

Verse 6   And the cowboys now as they cross the plains,
                                  Em7
            For they marked the spot,
                         D
            Where his bones are lain,

            Fling a handful of roses o'er his grave
                       Em7 A7   **D**
            With a prayer to Him, who his soul will save.

Careless Love

Traditional

Intro | E | B7 | E | A/E | E |

Verse 1
```
E          B7              E        B7
Love, oh love, oh careless love;
E                        B7
Love, oh love, oh careless love.
E        E7       A
Love, oh love, oh careless love,
   E        B7        E       B7
Oh, see what love has done to me.
```

Verse 2
```
   E        B7              E        B7
I cried last night and the night before;
         E                     B7
Tonight I'll cry, then cry no more.
E        E7       A
Love, oh love, oh careless love,
   E        B7        E       B7
Oh, see what love has done to me.
```

Verse 3
```
E     B7      E      B7
Once I wore my apron low,
E                    B7
Once I wore my apron low,
         E     E7     A
Oh, it's once I wore my apron low,
         E                B7     E   B7
You'd follow me through rain and snow.
```

Link | E | B7 | E | A/E | E |

Verse 4

```
E    B7            E    B7
Now I wear my apron high,
E                 B7
Now I wear my apron high,
      E    E7      A
Oh, it's now I wear my apron high,
            E    B7          E    B7
You'll see my door and pass it by.
```

Verse 5

```
E        B7              E        B7
Love, oh love, oh careless love;
E                        B7
Love, oh love, oh careless love.
E        E7      A
Love, oh love, oh careless love,
      E    B7             E    B7
Oh, see what love has done to me.
```

Casey Jones

Traditional

Verse 1

A
Come all you rounders, if you want to hear,
        Bm   E
A story about a brave engineer.
A
Casey Jones was the rounder's name,
A/E   E7   A E A
On a six eight wheeler, boys, he won his fame.

The caller called Casey at half past four,
              Bm   E
Kissed his wife at the station door,
A
Mounted to the cabin with the orders in his hand,
    A/E   E7   A E7 A
And he took his farewell trip to that promised land.

Chorus 1

A   D
Casey Jones mounted to the cabin,
A   B7   E7
Casey Jones with his orders in his hand.
A   D
Casey Jones mounted to the cabin,
      A   E7   A E7 A
And he took his farewell trip to that promised land.

Verse 2

A
Casey pulled up that Reno hill;
                   Bm   E
He tooted for the crossing with an awful shrill;
   A
The switchman knew by the engine's moan,
    A/E   E7   A E7 A
That the man at the throttle was Casey Jones.
A
He pulled up within two miles of the place,
              Bm   E
Number Four stared him right in the face.
  A
He turned to the fireman, said,

"Boy, you'd better jump,
          A/E   E7   A   E7 A
'Cos there's two locomotives that's a-going to bump."

    A   **D**

Casey Jones, two locomotives,

                B7   **E7**

Casey Jones, a-going to bump,

A   **D**

Casey Jones, two locomotives;

        A   **E7**   **A**   **E7** **A**

There're two locomotives that's a-going to   bump.

Verse 2

    A

Casey said just before he died,

                         Bm   **E**

"There's two more roads I'd like to ride."

           A

The fireman said, "What could that be?"

     A/E   **E7**   **A E7 A**

"The Southern Pacific and the Santa   Fe."

Missus Jones sat on her bed a-sighing,

                         Bm   **E**

Just received a message that Casey was dying.

A

"Go to bed, children, and hush your cryin',

        A/E   **E7**   **A** **E7** **A**

'Cos you've got another papa on the Salt Lake Line."

Chorus 3

                             D

Missus Casey Jones, got another papa,

        A   **B7**   **E7**

Missus Casey Jones, on that Salt Lake Line.

        A   **D**

Missus Casey Jones, got another papa,

     A/E   **E7**   **A** **E7** **A**

And you've got another papa on the Salt Lake Line.

The Cat Came Back

Traditional

Verse 1

Em   D   C   B7
Old Mr. Johnson had troubles of his own;
    Em   D   C   B7
He had a yellow cat which wouldn't leave his home.
    Em   D   C   B7
He tried and he tried to give the cat away,
      Em   D   C   B7
He gave it to a man going far, far away.

Chorus

        Em   D   C   B7
But the cat came back the very next day,
      Em   D   C   B7
The cat came back, they thought he was a goner
          Em   D   C   B7 Em
But the cat came back; he just couldn't stay away.

Verse 2

    Em   D
The man around the corner,
      C   B7
Swore he'd kill the cat on sight;
    Em   D   C   B7
He loaded up his shotgun with nails and dynamite.
    Em   D   C   B7
He waited and he waited for the cat to come around;
Em   D   C   B7
Ninety seven pieces of the man is all they found.

Chorus

        Em   D   C   B7
But the cat came back the very next day,
      Em   D   C   B7
The cat came back, they thought he was a goner
          Em   D   C   B7 Em
But the cat came back; he just couldn't stay away.

Verse 3

    Em   **D**   **C**   **B7**
He gave it to a little boy with a dollar note,
  Em   **D**   **C**   **B7**
Told him for to take it up the river in a boat.
    Em   **D**
They tied a rock around his neck,
C   **B7**
Must have weighed a pound,
Em   **D**
Now they drag the river;
   C   **B7**
For a little boy that's drowned.

Chorus

     Em   **D**   **C**   **B7**
But the cat came back the very next day,
    Em **D**   **C**   **B7**
The cat came back, they thought he was a goner
      Em   **D**   **C**   **B7 Em**
But the cat came back; he just couldn't stay away.

Verse 4

    Em   **D**   **C**   **B7**
Away across the ocean, they did send the cat at last,
    Em   **D**   **C**   **B7**
Vessel only out a day and making the water fast.
    Em   **D**   **C**   **B7**
People all began to pray, the boat began to toss,
     Em   **D**
A great big gust of wind came by
    C   **B7**
And every soul was lost.

Chorus

     Em   **D**   **C**   **B7**
But the cat came back the very next day,
    Em **D**   **C**   **B7**
The cat came back, they thought he was a goner
      Em   **D**   **C**   **B7 Em**
But the cat came back; he just couldn't stay away.

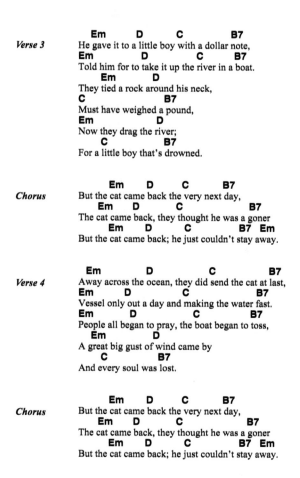

Charlie Is My Darling

Scottish

Chorus

   Bm   **Em** **Bm**
Oh! Charlie is my darling, my darling, my darling!
           F♯7 **Bm**
Oh! Charlie is my darling, the young Chevalier.

Verse 1

  F♯7   **Bm**
'Twas on a Monday morning,
  F♯7   **Bm**
Right early in the year,
  D
When Charlie came to our town,
 Em **D** **F♯**
The young Chevalier.

Chorus

   Bm   **Em** **Bm**
Oh! Charlie is my darling, my darling, my darling!
           F♯7 **Bm**
Oh! Charlie is my darling, the young Chevalier.

Verse 2

 F♯7   **Bm**
As he cam' marchin' up the street,
 F♯7   **Bm**
The pipes played loud and clear.
  D
And a' the folk cam' rinnin' out,
 Em **D** **F♯**
To meet the Chevalier.

Chorus

    Bm   **Em**   **Bm**

Oh! Charlie is my darling, my darling, my darling!
                                      F♯7   **Bm**

Oh! Charlie is my darling, the young Chevalier.

    F♯7   **Bm**

Verse 3   Wi' highland bonnets on their heads,
    F♯7   **Bm**

And claymores bright and clear,
    D

They cam' to fight for Scotland's right
    Em   **D**   **F♯**

And the young Chevalier.

    Bm   **Em**   **Bm**

Chorus   Oh! Charlie is my darling, my darling, my darling!
                                      F♯7   **Bm**

Oh! Charlie is my darling, the young Chevalier.

      F♯7   **Bm**

Verse 4   They've left their bonnie highland hills,
    F♯7   **Bm**

Their wives and bairnies dear,
    D

To draw the sword for Scotland's lord,
    Em   **D**   **F♯**

The young Chevalier.

    Bm   **Em**   **Bm**

Chorus   Oh! Charlie is my darling, my darling, my darling!
                                      F♯7   **Bm**

Oh! Charlie is my darling, the young Chevalier.

Cindy

Traditional

Verse 1

     E
You ought to see my Cindy,
            B7
She lives away down south,
E7   **A**
And she's so sweet the honeybees
B7   **E**
Swarm about her mouth.

Chorus

       A
Get along home, Cindy,
         E
Cindy, get along home.
             A
Cindy, Cindy, get along home,
B7   **E**
I'll marry you someday.

Verse 2

     E
I wish I was an apple,
          B7
A-hangin' on a tree,
E7   **A**
And ev'ry time my Cindy passed,
B7   **E**
She'd take a bite of me.

Chorus

Verse 3

     E
I wish I had a needle,
          B7
As fine as I could sew,
E7   **A**
I'd sew that gal to my coat-tail,
B7   **E**
And down the road I'd go.

Chorus

Verse 4
    E
I wish I had a nickel,
         B7
I wish I had a dime,
E7   **A**
I wish I had my Cindy girl,
  B7   **E**
To love me all the time.

Chorus

Verse 5
  E
Cindy in the springtime,
        B7
Cindy in the fall,
E7   **A**
If I can't have Cindy,
  B7   **E**
I'll have no girl at all.

Chorus
      A
Get along home, Cindy,
        E
Cindy, get along home.
              A
Cindy, Cindy, get along home,
  B7   **E**
I'll marry you someday.

Clementine

Words and Music by Percy Montrose

Verse 1

      F
In a cavern, in a canyon,
        C7
Excavating for a mine,
      F
Dwelt a miner, forty-niner,
    C7   **F**
And his daughter Clementine.

Chorus

Oh my darling, oh my darling,
        C7
Oh my darling Clementine.
       F
You are lost and gone forever,
    C7   **F**
Dreadful sorry, Clementine.

Verse 2

      F
Light she was, and like a fairy,
        C7
And her shoes were number nine,
      F
Herring boxes without topses,
   C7   **F**
Sandals were for Clementine.

Chorus

Oh my darling, oh my darling,
        C7
Oh my darling Clementine.
       F
You are lost and gone forever,
    C7   **F**
Dreadful sorry, Clementine.

Verse 3

           F
Drove she ducklings to the water
          C7
Ev'ry morning just at nine,
              F
Hit her foot against a splinter,
C7   **F**
Fell into the foaming brine.

Chorus

Oh my darling, oh my darling,
            C7
Oh my darling Clementine.
              F
You are lost and gone forever,
C7   **F**
Dreadful sorry, Clementine.

Verse 4

         F
Ruby lips above the water,
              C7
Blowing bubbles soft and fine,
           F
Alas for me! I was no swimmer,
C7   **F**
So I lost my Clementine.

Chorus

Oh my darling, oh my darling,
            C7
Oh my darling Clementine.
              F
You are lost and gone forever,
C7   **F**
Dreadful sorry, Clementine.

Cock Robin

English

Verse 1

```
G           A    D7
Who killed Cock Robin?
G       Em
I, said the Sparrow,
A7              D7
With my bow and arrow,
G    A   D7
I killed Cock Robin.
```

Chorus

```
        G                        C
All the birds of the air fell a-sighing and a-sobbing,
             A              D7
When they heard of the death of poor Cock Robin,
             G        C     G  D7  G
When they heard of the death of poor Cock Robin.
```

Verse 2

```
G          A    D7
Who saw him die?
G        Em
I, said the Fly,
A7              D7
With my little eye,
G     A    D7
I saw him die.
```

Chorus

Verse 3

```
G           A    D7
Who'll toll the bell?
G        Em
I, said the Bull,
A7              D7
Because I can pull,
G           D7
I'll toll the bell.
```

Chorus

Verse 4

```
G          A  D7
Who'll dig his grave?
G          Em
I, said the Owl,
A7              D7
With my little trowel,
G      A  D7
I'll dig his grave.
```

Chorus

Verse 5

```
G          A  D7
Who'll be the parson?
G          Em
I, said the Rook,
A7              D7
With my little book,
G      A  D7
I'll be the parson.
```

Chorus

Verse 6

```
G          A   D7
Who'll be chief mourner?
G          Em
I, said the Dove,
A7              D7
I'll mourn for my love,
G      A   D7
I'll be chief mourner.
```

Chorus

```
        G                    C
All the birds of the air fell a-sighing and a-sobbing,
            A              D7
When they heard of the death of poor Cock Robin,
            G          C      G  D7  G
When they heard of the death of poor Cock Robin.
```

The Colorado Trail

Traditional

Chorus
    D
Weep all ye little rains,
G   **D**
Wail wind, wail,
    Bm **F♯m** **D7**
All along, all   along,
    G **Gm** **D**
The Colorado trail.

Verse 1
Eyes like the morning star,
G   **D**
Lips like a rose,

Jennie was a pretty gal,
E7   **A7**
God almighty knows!

Chorus
    D
Weep all ye little rains,
G   **D**
Wail wind, wail,
    Bm **F♯m** **D7**
All along, all   along,
    G **Gm** **D**
The Colorado trail.

Verse 2
Ride all the lonely nights,
G   **D**
Ride through the day.

Keep the herd a movin' on,
E7   **A7**
Movin' on its way.

                    D
Chorus   Weep all ye little rains,
                    G   **D**
                    Wail wind, wail,
                        Bm   F#m   D7
                    All along, all   along,
                        G   Gm D
                    The Colorado trail.

Verse 3   Ride through the stormy night,
                    G   **D**
                    Dark is the sky.

                    I wish I'd stayed in Abilene,
                    E7   **A7**
                    Nice and warm and dry.

                    D
Chorus   Weep all ye little rains,
                    G   **D**
                    Wail wind, wail,
                        Bm   F#m   D7
                    All along, all   along,
                        G   Gm D
                    The Colorado trail.

Come All Ye Fair And Tender Maidens

Traditional

Verse 1

             G   **C**
Come all ye fair and tender maidens,
             G   **D**
Take warning how you court young men;
                Am   **G**
One night they may shine like stars above you,
                Am   **D7sus4** **G**
To love you that night but ne'er   again.

Verse 2

             G   **C**
They win your heart with tender stories,
             G   **D**
And they'll declare their love so true,
                Am   **G**
And then they'll go and court some other,
                Am   **D7sus4** **G**
And such is the love they have for   you.

Verse 3

             G   **C**
They'll ask you out some night to dinner,
             G   **D**
Where candles glow and music plays,
                Am   **G**
And just when you think that you're a winner,
                Am   **D7sus4** **G**
"I love you" becomes an empty   phrase.

Verse 4

             G   **C**
Sometimes I wish I was a sparrow,
             G   **D**
And I had wings with which to fly,
                Am   **G**
Right over to see my false true lover,
                Am   **Dsus4** **G**
To give him a slap for ev'ry   lie.

Verse 5
```
          G           C
But no, I'm not a little sparrow,
          G                   D
I have no wings with which to fly,
     Am           G
So I sit here in grief and sorrow,
            Am     Dsus4    G
Just moanin' away while time goes by.
```

Verse 6
```
          G           C
Come all ye fair and tender maidens,
            G                   D
Take warning how you court young men;
              Am                      G
One night they may shine like stars above you,
            Am     D7sus4  G
To love you that night but ne'er    again.
```

Verse 7
```
          G           C
If I had known before he courted,
            G           D
That love was such a killing thing,
              Am               G
I'd a-locked my heart in a chest of iron,
            Am     D7sus4    G
And tied it down, so it couldn't take wing.
```

Comin' Thro' The Rye

Words by Robert Burns
Traditional

Verse 1

D   A7   D
If a body meet a body, comin' thro' the rye,
             A7   D
If a body kiss a body, need a body cry?
                A7
Ev'ry lassie has a laddie,
D7   G
None, they say, ha'e I
     D   A7   D   A7
Yet a' the lads they smile on me,
                      D
When comin' thro' the rye.

Chorus

Comin' thro' the rye, poor body,
               A7
Comin' thro' the rye,
  G   D
She draigl't a' her petticoatie,
A7   D
Comin' thro' the rye!

Verse 2

           A7   D
Gin a body meet a body, comin' thro' the rye,
               G   D
Gin a body meet a body, need a body froon?
                 A7
Among the train there is a swain,
D   G
I dearly love mysel',
    D   A7   D   A7
But what's his name, or what's his name,
               D
I donna care to tell.

Chorus   Comin' thro' the rye, poor body,
             A7
           Comin' thro' the rye,
           G   **D**
           She draigl't a' her petticoatie,
           A7   **D**
           Comin' thro' the rye!

             A7
Verse 3   Gin a body meet a body,
                D
           Comin' through the glen,
             A7   **D**
           Gin a body kiss a body, need the warl' ken?
               A7
           O, Jenny's a 'weet, poor baby,
           G   **D**
           Jenny's seldom dry,
             G   **D**
           She draigl't a' her petticoatie,
           A7   **D**
           Comin' thro' the rye!

Chorus   Comin' thro' the rye, poor body,
             A7
           Comin' thro' the rye,
           G   **D**
           She draigl't a' her petticoatie,
           A7   **D**
           Comin' thro' the rye!

Country Gardens

Traditional

Verse 1

C   F   G7   C
How many kinds of sweet flowers grow,
C   F   G7 C
In an English country garden?
C   F   G7   C
I'll tell you now of some that I know,
        C7   F   G7 C
Those I miss you'll surely pardon.

Chorus 1

                G7
Daffodils, heart's ease and phlox,
C   G7
Meadowsweet and lady smocks,
Am   D7   G
Gentian, lupin and tall hollyhocks.
        C   F   G7   C
Roses, foxgloves, snowdrops, forget-me-nots,
     C7   F   G7 C
In an English country garden.

Verse 2

C   F   G7   C
How many insects come here and go,
    C7   F   G7 C
In an English country garden?
C   F   G7   C
I'll tell you now of some that I know,
    C7   F   G7 C
Those I miss you'll surely pardon.

Chorus 2

       G7
Fireflies, moths and bees,
C   **G7**
Spiders climbing in the trees,
Am   **D7**   **G**
Butterflies drift in the gentle breeze.
       C   **F**
There are snakes, ants that sting,
   G7   **C**
And other creeping things,
       C7   **F**   **G7 C**
In an English country garden.

Verse 3

C   **F**   **G7**   **C**
How many songbirds fly to and fro,
   C7   **F**   **G7 C**
In an English country garden?
C   **F**   **G7**   **C**
I'll tell you now of some that I know,
     C7   **F**   **G7 C**
Those I miss you'll surely pardon.

Chorus 3

       G7
Bobolink, cuckoo and quail,
C   **G7**
Tanager and cardinal,
Am   **D7**   **G**
Bluebird, lark, thrush and nightingale.
C   **F**
There is joy in the spring,
     G7   **C**
When the birds begin to sing,
     C7   **F**   **G7 C**
In an English country garden.

Crawdad Song

African-American

Verse 1

D   D7
You get a line and I'll get a pole, honey.
D   A   A7
You get a line and I'll get a pole, babe.
D   D7
You get a line and I'll get a pole,
    G   A7
And we'll go down to that crawdad hole,
D   A7   D
Honey, sugar-baby mine.

Verse 2

D   D7
Get up, old man, you slept too late, honey.
D   A   A7
Get up, old man, you slept too late, babe.
D   D7
Get up, old man, you slept too late;
G   A7
Last piece of crawdad's on your plate,
D   A7   D
Honey, sugar-baby mine.

Verse 3

D   D7
Get up, old woman, you slept too late, honey.
D   A   A7
Get up, old woman, you slept too late, babe.
D   D7
Get up, old woman, you slept too late;
G   A7
Crawdad man done passed your gate,
D   A7   D
Honey, sugar-baby mine.

Verse 4

```
       D                                        D7
Along come a man with a sack on his back, honey.
       D                                A    A7
Along came a man with a sack on his back, babe.
       D                    D7
Along come a man with a sack on his back,
          G                    A7
Packin' all the crawdads he can pack,
D      A7        D
Honey, sugar-baby mine.
```

Verse 5

```
       D                                        D7
What you gonna do when the lake goes dry, honey?
       D                                A    A7
What you gonna do when the lake goes dry, babe?
       D                       D7
What you gonna do when the lake goes dry?
       G                              A7
Sit on the bank and watch the crawdads die,
D      A7        D
Honey, sugar-baby mine.
```

Cripple Creek

Traditional

Verse 1

D   G   D
I got a gal at the head of the creek;
            A7   D
Go up to see her 'bout the middle of the week.
                  G   D
Kiss her on the mouth, just as sweet as any wine;
                  A7   D
Wraps herself around her, like a sweet pertater vine.

Chorus

D
Goin' up Cripple Creek, goin' in a run,
          A7   D
Goin' up Cripple Creek, have a little fun.

Goin' up Cripple Creek, goin' in a whirl,
          A7 D
Goin' up Cripple Creek to see my girl.

Verse 2

D   G   D
Girls on the Cripple Creek, 'bout half-grown,
             A7   D
Jump on a boy like a dog on a bone.
             G   D
Roll my britches up to my knees;
                 A7   D
I'll wade old Cripple Creek when I please.

Chorus

D
Goin' up Cripple Creek, goin' in a run,
          A7   D
Goin' up Cripple Creek, have a little fun.

Goin' up Cripple Creek, goin' in a whirl,
          A7 D
Goin' up Cripple Creek to see my girl.

Verse 3

    D   **G**   **D**
Cripple Creek's wide and Cripple Creek's deep,
                  A7   **D**
I'll wade ol' Cripple Creek afore I sleep.
        G   **D**
Roads are rocky and hillside's muddy,
               A7   **D**
And I'm so drunk that I can't stand steady.

Chorus

    D
Goin' up Cripple Creek, goin' in a run,
                 A7   **D**
Goin' up Cripple Creek, have a little fun.

Goin' up Cripple Creek, goin' in a whirl,
                 A7   **D**
Goin' up Cripple Creek to see my girl.

The Cruel War

Traditional

Verse 1

```
        G                   D7          G  B7
The cruel war is raging, Johnny has to fight,
    Em        C        Am7     G  C/G   G
I want to be with him      from morning till night.
D7 G                    D7               G
I    want to be with him, it grieves my heart so,
B7        Em       C        Am7
Won't you let me go with you?
G   Am      G
No, my love, no.
```

Verse 2

```
        G                   D7            G
I'd go to your captain, get down on my knees,
    Em          C          Am7
And ten thousand gold guineas,
    G     C/G    G
I'd give for your release.
D7  G                       D7              G
Ten thousand gold guineas, it grieves my heart so,
B7        Em       C        Am7
Won't you let me go with you?
G   Am      G
No, my love, no.
```

Verse 3

```
        G                   D7          G
Tomorrow is Sunday, Monday is the day,
B7        Em        C       Am7     G  C/G   G
That your captain will call you      and you must obey.
D7  G                      D7               G
Your captain will call you it grieves my heart so,
B7        Em       C        Am7
Won't you let me go with you?
G   Am      G
No, my love, no.
```

Verse 4

     G   **D7**   **G**
I'll tie back my hair, men's clothing I'll put on,
B7   **Em**   **C**   **Am7** **G** **C/G**   **G**
And I'll pass as your comrade,   as we march along.
D7 G   **D7**   **G**
I'll pass as your comrade, no one will ever know.
B7   **Em**   **C**   **Am7**
Won't you let me go with you?
G **Am**   **G**
No, my love, no.

Verse 5

     G   **D7**   **G**
Oh Johnny, oh Johnny, I fear you are unkind,
B7 **Em**   **C**   **Am7**   **G** **C/G** **G**
For I love you far better   than all of mankind.
D7 G   **D7**   **G**
I   love you far better than words can e'er express,
B7   **Em**   **C**   **Am7**
Won't you let me go with you?
G   **Am**   **G**
Yes, my love, yes.

The Cuckoo

English

Intro　　| **Em**　　　| **Bm**　　| **D**　| **B7**　　|

Verse 1

```
       Em          Bm           D          Em
The cuckoo is a funny bird; she sings as she flies,
                   Bm          D          Em
She'll bring you glad tidings she'll tell you no lies.
       C           G
She sips from the pretty flowers,
       D           A
To make her voice clear.
                   Em          Bm
And she'll never sing cuckoo;
       D           Em
Till the spring of the year.
```

Verse 2

```
       Em          Bm           D          Em
A-walking and a-talking and a-wand'ring go I,
                   Bm          D          Em
A-walking for my true love; he'll come by and by.
       C           G           D          A
I'll meet him in the morning, for he's all my delight,
       Em          Bm
I could walk with my true love,
       D           Em
From morning to night.
```

Verse 3

     Em   **Bm**   **D**   **Em**
Come all you fair maidens take warning from me;
          Bm   **D**   **Em**
Don't place your affection on a young man too free.
   C   **G**   **D**   **A**
For leaves they do wither and roots they do die,
      Em   **Bm**
And your love he will leave you,
      D   **Em**
And he'll never say why.

Verse 4

     Em   **Bm**   **D**   **Em**
But if he will leave me I'll not be forlorn,
         Bm   **D**   **Em**
And if he'll forswear me I'll not be forsworn.
   C   **G**   **D**   **A**
I'll get myself up in my best finery,
      Em   **Bm**   **D**   **Em**
And I'll walk as proud by him as he walks by me.

Cumberland Gap

Traditional

Verse 1

D   Bm
Me an' my wife an' my wife's pap,
D   G   D
We all live down in Cumberland Gap.
D   Bm
Cumberland Gap is a noted place,
        D   G   D
Three kinds of water to wash your face.

Chorus

D   Bm
Cumberland Gap, Cumberland Gap.
D   G
Way down yonder in Cumberland Gap.
                           Bm
Cumberland Gap, Cumberland Gap.
D   G
Way down yonder in Cumberland Gap.

Verse 2

D   Bm
First white man in Cumberland Gap,
        D   G   D
Was Doctor Walker, an English chap.
                         Bm
Daniel Boone on Pinnacle Rock,
D   G   D
He killed Indians with his old flintlock.

Chorus	**D** **Bm**
	Cumberland Gap, Cumberland Gap.
	D **G**
	Way down yonder in Cumberland Gap.
	Bm
	Cumberland Gap, Cumberland Gap.
	D **G**
	Way down yonder in Cumberland Gap.

Verse 3	**D** **Bm**
	Cumberland Gap with its cliffs an' rocks,
	D **G** **D**
	Home of the panther, bear an' fox.
	D **Bm**
	Lay down boys an' take a little nap,
	D **G** **D**
	Fo'teen miles to Cumberland Gap.

Chorus	**D** **Bm**
	Cumberland Gap, Cumberland Gap.
	D **G**
	Way down yonder in Cumberland Gap.
	Bm
	Cumberland Gap, Cumberland Gap.
	D **G**
	Way down yonder in Cumberland Gap.

Danny Boy

Words by Frederick Edward Weatherly

Irish melody

Intro

| C | C7 | F | |
| Fm | C | G7 | |

Verse 1

        C   C7   F
Oh Danny boy, the pipes, the pipes are calling,
  Fm   C   Am   G7
From glen to glen, and down the mountain side.
       C   C7 F
The summer's gone, and all the roses falling,
  Fm   C/G   G7   C
It's you, it's you must go and I must bide.

Chorus 1

             C
But come ye back;
    F   G7 C
When summer's in the meadow,
  G7   Am   F
Or when the valley's hushed,
    C/E   D7
And white with snow.
G7   C   F
   'Tis I'll be there in sunshine
F#°   C/G E7 Am
Or   in sha— — dow,
    Fm   C/G   Am   F   G7   C
Oh Danny boy, oh Danny boy, I love you so!

Link

| C | C7 | F | |
| Fm | C | G7 | |

Verse 2

                   C   C7   F
But if he come, when all the flow'rs are dying,
         Fm C   Am   G7
And I am dead, as dead I well may be.
                          C   C7 F
Ye'll come and find the place where I am lying,
         Fm   C/G   G7   C
And kneel and say an "Ave" there for me.

Chorus 2

                   C   F   G7   C
And I shall hear, tho' soft your tread above me,
G7   Am   F   C/E   D7
   And all my dreams will warm and sweeter be.
G7   C   F
   If you'll not fail to tell me
F♯°   C/G E7 Am
That you lo— —ve   me,
         Fm   C/G   Am   F   G7   Am
Then I shall sleep in peace until you come to me.
Fm   C/G   Am   F   G7   C
I'll simply sleep in peace until you come to me.

Deep River

African-American

Intro
| C | C+ | |
| F | G7 | |

Chorus
C C+ F Dm7 C   Am Em   G7
De– –ep river, my home is over Jordan,
C C+ F   D7
De– –ep river, Lord,
  C   Dm7   C
I want to cross over into campground.

Verse 1
Am   Em   Am   Em
Oh, don't you want to go over to that gospel feast,
G7   C   C7 F   F#°   C/G G7 C
  That promised land   where all   is peace?

Chorus
C C+ F Dm7 C   Am Em   G7
De– –ep river, my home is over Jordan,
C C+ F   D7
De– –ep river, Lord,
  C   Dm7   C
I want to cross over into campground.

Link
| C | C+ | F | |
| G7 | C | E7 | |

Verse 2

> **Am**   **Em**
> My Lord, he calls me
>   **Am**   **Em**
> He calls me by the thunder.
> **G7**   **C**   **C7**   **F**
>   The trumpet sounds within my soul,
> **F♯°**   **C/G**   **G7** **C**
> I ain't got long to stay here.

Chorus

> **C** **C+** **F**   **Dm7** **C**   **Am** **Em** **G7**
> De– –ep river, my home is over Jordan,
> **C** **C+** **F**   **D7**
> De– –ep river, Lord,
>   **C**   **Dm7**   **C**
> I want to cross over into campground.

Down By The Riverside

Traditional

Verse 1

       G
Gonna lay down my burden;

Down by the riverside,
D7
   Down by the riverside,
G
   Down by the riverside.

Gonna lay down my burden;

Down by the riverside,
   D7   **G**
And study war no more.

Chorus

G7   **C**
‖: I ain't gonna study war no more,
      G
Ain't gonna study war no more,
    D7 **C/D D** **G**
Ain't gonna study war no more. :‖

Verse 2

       G
Gonna lay down my sword and shield;

Down by the riverside,
D7
   Down by the riverside,
G
   Down by the riverside.

Gonna lay down my sword and shield;

Down by the riverside,
   D7   **G**
And study war no more.

Chorus

```
    G7              C
|: I ain't gonna study war no more,
            G
Ain't gonna study war no more,
            D7    C/D D  G
Ain't gonna study war  no  more. :|
```

Verse 3

```
          G
Gonna try on my long white gown;

Down by the riverside,
D7
   Down by the riverside,
G
   Down by the riverside.

Gonna try on my long white gown;

Down by the riverside,
     D7          G
And study war no more.
```

Chorus

```
    G7          C
|: I ain't gonna study war no more,
            G
Ain't gonna study war no more,
            D7    C/D D  G
Ain't gonna study war  no  more. :|
```

Down By The Salley Gardens

Irish

Intro
```
| D    A7  | D    G  |
| A7       | D       |
```

Verse 1

          D   A7 G D
Down by the salley gardens,
     G   D   A7 D
My love and I did meet;
             A7   Bm   D
She passed the salley gar– –dens
       G D A7   D
With lit–tle snow-white feet.

Chorus 1

     Bm   F#m
She bid me take love easy,
      Bm   A7   D
As the leaves grow on the tree.
         D7   G D
But I, being young and foolish,
      G D A7   D
With her did not agree.

Link
```
| D    A7  | D    G  |
| A7       | D       |
```

      D A7   G D
In a field by the riv–er,
    G   D   A7 D
My love and I did stand.
            A7 D   Bm D
And leaning on my shoulder,
    G   D   A7   **D**
She laid her snow-white hand.

Chorus 2

    Bm   **F♯m**
She bid me take life easy,
      Bm   **A7 D**
As the grass grows on the weirs,
        D7   **G D**
But I was young and foolish,
    G   D A7 D
And now am full of tears.

Down In The Valley

Traditional

Verse 1

D7   G   D
Down in the valley, valley so low,
     D7   G
Late in the evening, hear the train blow.
              D
Hear the train blowing, hear that train blow;
        Am D7   G
Hang your head over, hear that train blow.

Verse 2

D7   G   D
Roses love sunshine, violets love dew,
     D7   G
Angels in heaven know I love you.
              D
Know I love you, dear, know I love you,
       Am D7   G
Angels in heaven know I love you.

Verse 3

D7   G   D
Write me a letter, send it by mail,
     D7   G
Send it in care of the Birmingham jail.
              D
Birmingham jail house, Birmingham jail,
       Am D7   G
Send it in care of the Birmingham jail.

Verse 4

    D7   **G**   **D**
If you don't love me, love whom you please,
                D7   **G**
Throw your arms 'round me, give my heart ease.
                        D
Give my heart ease, love, give my heart ease,
             Am   **D7**   **G**
Throw your arms 'round me, give my heart ease.

Verse 5

    D7   **G**   **D**
Down in the valley, valley so low,
          D7   **G**
Late in the evening, hear the wind blow.
                     D
Hear the wind blowing, hear that wind blow;
         Am **D7**   **G**
Hang your head over, hear that wind blow.

Drill, Ye Tarriers, Drill

Traditional

Verse 1

Bm
Ev'ry morning at seven o'clock,
    F♯7
There's a hundred tarriers a-working at the rock.
   Bm
The boss come along and he says, "Keep still!"
F♯7
Come down heavy on the cast iron drill.

Chorus

    Bm   **F♯7**   **Bm**
And drill ye, tarriers, drill!

Drill ye, tarriers, drill!
            F♯7
Oh, it's work all day for sugar in your tay,

Down behind the railway.
Bm   **F♯7**   **Bm**
Drill ye, tarriers, drill!

And blast, and fire!

Verse 2

Bm
Now, our foreman was Gene McCann;
   F♯7
By God, he was a blame mean man.
   Bm
Last week a premature blast went off,
   F♯7
And a mile in the air went big Jim Goff.

Chorus

Verse 3

Bm
Next time payday came around,
   F♯7
Jim Goff a dollar short was found.
     Bm
When he asked what for, came this reply;
     F♯7
"You were docked for the time

You was up in the sky."

Chorus

Verse 4

Bm
Boss was a fine man, down to the ground,
   F♯7
And he married a lady six feet 'round.
   Bm
She baked good bread and she baked it well,
   F♯7
But she baked it hard as the holes of Hell.

Chorus

   Bm   **F♯7**   **Bm**
And drill ye, tarriers, drill!

Drill ye, tarriers, drill!
      F♯7
Oh, it's work all day for sugar in your tay,

Down behind the railway.
Bm   **F♯7**   **Bm**
Drill ye, tarriers, drill!

And blast, and fire!

Early One Morning

English

| Intro | A7 | D | A7 | D | |
| | D/F♯ | G | D/A A7 | D | |

Verse 1

D   G   A7
Early one morning, just as the sun was rising,
 D   G A7 D
I heard a maid sing in the valley below.
A7   D   A7   D
"Oh don't deceive me, oh never leave me,
D/F♯   G   D/A A7   D
How could you use a poor maiden so?"

Verse 2

D   G
"Remember the vows that you made to me truly,
 D   G   A7
Remember how tenderly you nestled close to me.
A7   D   A7   D
Gay is the garland, fresh are the roses,
   D/F♯   G   D/A A7 D
I've culled from the garden to bind over thee."

Verse 3

D   G   A7
"Here I now wander alone as I wonder,
D   G   A7   D
Why did you leave me to sigh and complain.
A7   D   A7   D
I ask of the roses, why should I be forsaken,
D/F♯   G   D/A A7   D
Why must I here in sor- –row remain?"

Verse 4

D   G   A7
"How could you slight so a pretty girl who loves you,
  D   G A7   D
A pretty girl who loves you so dearly and warm?
A7   D   A7   D
Though love's folly is surely but a fancy,
D/F♯   G   D/A   A7   D
Still it should prove to me sweeter than your scorn."

Verse 5

D   G   A7
"Soon you will meet with another pretty maiden,
D   G   A7 D
Some pretty maiden, you'll court her for a while.
A7   D   A7   D
Thus ever ranging, turning and changing,
D/F♯ G   D/A A7   D
Always seeking for a girl that is new."

Verse 6

D   G   A7
Thus sang the maiden, her sorrows bewailing,
D   G A7   D
Thus sang the poor maid in the valley below.
A7   D   A7   D
"Oh don't deceive me, Oh never leave me,
D/F♯   G   D/A A7   D
How could you use a poor maiden so?"

The Eddystone Light

Traditional

Verse 1

     A
My father was the keeper of the Eddystone light,
     D   **E7**   **A**
And he slept with a mermaid one fine night.

From this union there came three,
D   **E7**   **A**
Two little fishes and the other was me.

Chorus

B7   **E**
Yo ho ho, the wind blows free,
E7   **A**
Oh, for the life on the rolling sea.

Verse 2

     A
One night as I was a-trimmin' the glim,
D   **E7**   **A**
Singing a verse from the evening hymn.

A voice from the starboard shouted, "Ahoy!"
     D   **E7**   **A**
And there was my mother a-sittin' on a buoy.

Chorus

B7   **E**
Yo ho ho, the wind blows free,
E7   **A**
Oh, for the life on the rolling sea.

	A
Verse 3	"Oh, what has become of my children three?"

D   E7   A
My mother then she said to me.

"One was exhibited as a talking fish,
D   E7   A
The other was served in a chafing dish."

	B7 **E**
Chorus	Yo ho ho, the wind blows free,

E7   **A**
Oh, for the life on the rolling sea.

	A
Verse 4	Then the phosphorus flashed in her seaweed hair,

D   E7   A
I looked again, and my mother wasn't there.

But a voice came echoing through the night:
D   E7   A
"To hell with the keeper of the Eddystone light!"

	B7 **E**
Chorus	Yo ho ho, the wind blows free,

E7   **A**
Oh, for the life on the rolling sea.

The Erie Canal

Words and Music by Thomas S. Allen

Verse 1

    Em   **Am** **B**
I've got a mule, her name is Sal,
Em   **C7** **B7**
Fifteen miles on the Erie Canal.
Em   **Am**   **B**
 She's a good hard worker and a real good pal,
Em   **Am** **Em** **B7**
Fifteen miles on the Erie Canal.
Em   **Bm**   **G** **D**
 We've hauled some barges in our day,
G   **B7** **Em**   **D**
Filled with lumber, coal and hay,
   Em   **Am**   **B7**
From Buffalo we're starting our trip,
   G   **Am Em B7** **Em**
And it's a slow but a very good ship.

Chorus

D7 **G**   **D**
Hey! Low bridge, ev'rybody down!
G   **D7 G**
Low bridge, we're coming to a town!
           C
And you'll always know your neighbor,
     G   **C**
You'll always know your pal,
    G   **C**   **G** **D7 G**
If you've ever navigated on the Erie Canal.

Verse 2

B7 Em   Am   B
Get up old Sal, let's pass the lock,
Em   C7   B7
Fifteen miles on the Erie Canal.
Em   Am   B
   In Schenectady today at six o'clock,
Em   Am   Em B7
Fifteen miles on the Erie Canal.
  Bm   G   D
It's all the time, the same old haul,
G   B7   Em   B7
Glad to reach my port of call.
  Em   Am   B7
A hundred friends will greet me "Hello,"
    G   Am Em B7 Em
From Albany to   Buf–fa–lo.

Chorus

D7   G   D
Hey! Low bridge, ev'rybody down!
G   D7 G
Low bridge, we're coming to a town!
           C
And you'll always know your neighbor,
    G   C
You'll always know your pal,
       G   C   G   D7 G
If you've ever navigated on the Erie Canal.

Every Time I Feel The Spirit

African-American

Chorus
```
G                    D
Every time I feel the spirit,
      Bm        A     D
Moving in my heart I will pray.
          G            D
Yes, every time I feel the spirit,
      Bm        A     D
Moving in my heart I will pray.
```

Verse 1
```
D
Up on the mountains my Lord spoke;
                        A7      D
Out of His mouth came fire and smoke.

All around me looks so shine,
                  A7    D
Asked my Lord if all was mine.
```

Chorus
```
G                    D
Every time I feel the spirit,
      Bm        A     D
Moving in my heart I will pray.
          G            D
Yes, every time I feel the spirit,
      Bm        A     D
Moving in my heart I will pray.
```

Verse 2

D
Jordan River runs right cold,
         A7   **D**
Chills the body, not the soul.

There ain't but one train, running on this track,
         A7 **D**
It runs to heaven and right back.

Chorus

G   **D**
Every time I feel the spirit,
     Bm   **A**   **D**
Moving in my heart I will pray.
        G   **D**
Yes, every time I feel the spirit,
     Bm   **A**   **D**
Moving in my heart I will pray.

Verse 3

D
Oh, I have sorrows and I have woe
         A7   **D**
And I have heartache here below.

But while God leads me I'll never fear;
         A7   **D**
For I am sheltered by His care.

Chorus

G   **D**
Every time I feel the spirit,
     Bm   **A**   **D**
Moving in my heart I will pray.
        G   **D**
Yes, every time I feel the spirit,
     Bm   **A**   **D**
Moving in my heart I will pray.

Fil-i-mi-oo-ri-oo-ri-ay

Irish-American

Verse 1

    Em
In eighteen hundred and forty one,
 G
I put my corduroy breeches on,
   Em
I put my corduroy breeches on,
        D   **Em**
To work upon the railway.
               G
Fil-i-mi-oo-ri-oo-ri-ay, fil-i-mi-oo-ri-oo-ri-ay.
Em   **D**   **Em**
Fil-i-mi-oo-ri-oo-ri-ay, to work upon the railway.

Verse 2

    Em
In eighteen hundred and forty two,
 G
I left the old world for the new,
   Em
Bad cess to the luck that brought me through,
        D   **Em**
To work upon the railway.
               G
Fil-i-mi-oo-ri-oo-ri-ay, fil-i-mi-oo-ri-oo-ri-ay.
Em   **D**   **Em**
Fil-i-mi-oo-ri-oo-ri-ay, to work upon the railway.

Verse 3

    Em
In eighteen hundred and forty three,
   G
'Twas then I met sweet Biddy Mcgee.
  Em
An elegant wife she's been to me,
        D   **Em**
While work upon the railway.
               G
Fil-i-mi-oo-ri-oo-ri-ay, fil-i-mi-oo-ri-oo-ri-ay.
Em   **D**   **Em**
Fil-i-mi-oo-ri-oo-ri-ay, to work upon the railway.

Verse 4

Em

In eighteen hundred and forty six,

G

They pelted me with stones and sticks,

Em

Oh, I was in a terrible fix,

D   **Em**

While work upon the railway.

G

Fil-i-mi-oo-ri-oo-ri-ay, fil-i-mi-oo-ri-oo-ri-ay.

Em   **D**   **Em**

Fil-i-mi-oo-ri-oo-ri-ay, to work upon the railway.

Verse 5

Em

In eighteen hundred and forty sev'n,

G

Sweet Biddy Mcgee she went to heav'n,

Em

Oh, she left one child, she left eleven,

D   **Em**

To work upon the railway.

G

Fil-i-mi-oo-ri-oo-ri-ay, fil-i-mi-oo-ri-oo-ri-ay.

Em   **D**   **Em**

Fil-i-mi-oo-ri-oo-ri-ay, to work upon the railway.

Verse 6

Em

In eighteen hundred forty eight,

G

I learned to take me whiskey straight,

Em

'Tis an elegant drink and can't be bate,

D   **Em**

For work upon the railway.

G

Fil-i-mi-oo-ri-oo-ri-ay, fil-i-mi-oo-ri-oo-ri-ay.

Em   **D**   **Em**

Fil-i-mi-oo-ri-oo-ri-ay, to work upon the railway.

Finnegan's Wake

Irish

Verse 1

Em
Tim Finnegan lived in Walkin Street,
D7
A gentle Irishman mighty odd.
Em
He had a brogue both rich and sweet,
                      C   D7 G
An' to rise in the world he carried a   hod.
                              Em
Now Tim had a sort o' the tipplin' way,
      G   **Em**
With a love for the liquor, poor Tim was born.
 G   **Em**
To help him on with his work each day,
      C   **D7**   **G**
He'd a "Drop of the craythur" ev'ry   morn'.

Chorus

Em   **Bm**
Whack fol the darn o, dance to yer partner.
Em   **D7**
Whirl the floor, your trotters shake.
Em   **Bm**
Wasn't it the truth I told you,
Em   **C**   **D7** **G**
Lots of fun at Finnegan's wake.

Verse 2

        Em
One mornin' Tim was rather full,
               D7
His head felt heavy which made him shake.
  Em
He fell from a ladder and he broke his skull,
                     C   **D7 G**
And they carried him home his corpse to wake.
               Em
Rolled him up in a nice clean sheet,
    G   **Em**
And laid him out upon the bed;
  G   **Em**
A gallon of whiskey at his feet,
     C   **D7**   **G**
And a barrel of porter at his head.

Chorus

Verse 3

       Em
His friends assembled at the wake,
             D7
And Mrs. Finnegan called for lunch.

Em
First she brought in tay and cake,
           C D7 G
Then pipes, tobacco and whiskey punch.
         Em
Biddy O'Brien began to cry,
  G   **Em**
"Such a nice clean corpse, did you ever see?
  G   **Em**
Oh, Tim, mavourneem, why did you die?"
    C   **D7**   **G**
"Ah, hold your gob," said Paddy Mcghee.

Chorus

        Em
Verse 4   Then Maggie O'Connor took up the cry,
              G
"O Biddy," says she, "you're wrong, I'm sure."
  Em
Biddy, she gave her a belt in the gob,
           C D7 G
And left her sprawlin' on the floor.
            Em
And then the war did soon engage,
    G   **Em**
'Twas woman to woman and man to man.
    G   **Em**
Shillelaigh law was all the rage,
    C   **D7 G**
And a row and a ruction soon be–gan.

Chorus

        Em
Verse 5   Then Mickey Maloney ducked his head,
             D7
When a bucket of whiskey flew at him.
  Em
It missed, and falling on the bed,
         C D7 G
The liquor scattered over   Tim!
           Em
The corpse revives, see how he rises!
G   **Em**
Timothy rising from the bed,
    G   **Em**
Said "Whirl your whiskey around like blazes,
    C   **D7** **G**
Thanum an Dhul! Do you think I'm dead?"

Chorus

Flow Gently, Sweet Afton

Scottish

Verse 1

     G   C   G
Flow gently, sweet Afton, amang thy green braes,
               C G   D
Flow gently, I'll sing thee a song in thy praise;
D7 G   C   G
My Mary's asleep by the murmuring stream,
            C   G G♯°
Flow gently, sweet Af–ton,
Am G   D7 G
Dis–turb not her dream.
       D   A7   D
Thou stock-dove whose echo resounds thro' the glen,
                     A7   D
Ye wild whistling blackbirds in yon thorny den.
D7 G   C   G
Thou green-created lapwing, thy screaming for bear,
         C G G♯° Am G   D7 G
I charge you, disturb not   my   slumbering fair.

Verse 2

     G   C   G
How lofty, sweet Afton, thy neighboring hills,
              C G   D
Far marked with the courses of clear winding rills.
D7 G   C   G
There daily I wander, as noon rises high,
          C G G♯° Am G   D7 G
My flocks and my Mary's sweet cot in my eye.
       D   A7   D
How pleasant thy banks and green valleys below,
                    A7   D
Where wild in the woodlands the primroses blow.
D7 G   C   G
There oft, as mild evening creeps over the lea,
          C G G♯° Am G   D7 G
The sweet scented birk shades my Mary and me.

Verse 3

        G   **C**   **G**
Thy crystal stream, Afton, how lovely it glides,
               C G   **D**
And winds by the cot where my Mary resides.
D7   **G**   **C**   **G**
How wanton thy waters her snowy feet lave.
             C   **G**   **G♯°**
As gath'ring sweet flow'rets,
Am G   **D7** **G**
She stems thy clear wave.
        D   **A7**   **D**
Flow gently, sweet Afton, amang thy green braes,
                         A7   **D**
Flow gently, sweet river, the theme of my lays.
D7 G   **C**   **G**
My Mary's asleep by the murmuring stream,
            C   **G G♯°**
Flow gently, sweet Afton,
Am G   **D7 G**
Dis–turb not her dream.

The Foggy, Foggy Dew

Traditional

Verse 1

        G   **C**   **A7**
When I was a bach'lor, I lived all alone,
D7   **D**
I worked at the weaver's trade;
                C   **A7**
And the only, only thing I did that was wrong,
      D7   **G**
Was to woo a fair young maid.
D7   **G**
I wooed her in the wintertime,
    D7   **G**
And in the summer, too,
                C   **A7**
And the only, only thing I did that was wrong,
    D7   **G**
Was to keep her from the foggy, foggy dew.

Verse 2

       G   **C**   **A7**
One night she knelt close by my side,
      D7   **G**
When I was fast asleep.
              C   **A7**
She threw her arms around my neck,
    D7   **G**
And then began to weep.
  D7   **G**
She wept, she cried, she tore her hair,
    D7   **G**
Ah, me, what could I do?
               C   **A7**
So all night long I held her in my arms,
    D7   **G**
Just to keep her from the foggy, foggy dew.

Verse 3

        G   **C**   **A7**
Again I am a bach'lor, I live with my son,
   D7   **G**
We work at the weaver's trade.
                        C   **A7**
And every single time I look into his eyes,
   D7   **G**
He reminds me of that fair young maid.
   D7   **G**
He reminds me of the wintertime,
   D7   **G**
And of the summer, too,

And the many, many times,
      C   **A7**
That I held her in my arms,
   D7   **G**
Just to keep her from the foggy, foggy dew.

The Fox

American

Verse 1

    E
The fox went out on a chilly night,
        B7
He prayed for the moon to give him light,
    E   **A**
For he'd many a mile to go that night,
  E   **B7**   **E**   **B7**   **E**
Before he reached the town, oh, town, oh, town.
    A   **E**
Oh, he'd many a mile to go that night,
  B7   **E**
Before he reached the town, oh.

Verse 2

    E
He ran till he came to a great big pen,
        B7
The ducks and the geese were kept therein,
   E   **A**
"A couple of you will grease my chin,
  E   **B7**   **E**   **B7**   **E**
Before I leave this town, oh, town, oh, town.
  A   **E**
A couple of you will grease my chin,
  B7   **E**
Before I leave this town, oh."

Verse 3

    E
He grabbed the gray goose by the neck,
        B7
Throwed a duck across his back,
  E   **A**
He didn't mind their quack, quack, quack,
  E   **B7**   **E**   **B7**   **E**
And legs all dangling down, oh, down, oh, down.
    A   **E**
Oh, he didn't mind their quack, quack, quack,
  B7   **E**
And their legs all dangling down, oh.

Verse 4
    E
Old Missus Flipper-Flopper jumped out of bed;
          B7
Out of the window she cocked her head,
  E   **A**
Saying, "John, John, the goose is gone,
  E **B7** **E**   **B7**   **E**
And the fox is on the town, oh, town, oh, town!
      A   **E**
Oh, saying, "John, John! The goose is gone,
     B7   **E**
And the fox is on the town, oh!"

    E
Verse 5
Then John, he went to the top of the hill,
          B7
Blowed his horn both loud and shrill,
  E   **A**
Fox, he said, "I better flee with my kill,
  E **B7** **E**   **B7**   **E**
They'll soon be on my trail, oh, trail, oh, trail."
      A   **E**
Oh, fox he said, "I better flee with my kill,
     B7   **E**
For they'll soon be on my trail, oh!"

    E
Verse 6
He ran till he came to his cozy den,
             B7
There were the little ones, eight, nine, ten.
     E   **A**
They said, "Daddy, better go back again,
  E   **B7**   **E**
'Cause it must be a mighty fine town,
  B7   **E**
Oh, town, oh, town!"
      A   **E**
They said, "Daddy, better go back again,
     B7   **E**
'Cause it must be a mighty fine town, oh."

Frankie And Johnny

African-American

Verse 1

C   G7   C
Frankie and John–ny were lovers,
               G7 C7
Said they were real–ly in love.
       F   C7   F
Now, Frankie was true   to her Johnny,
                 C
True as all the stars above.
         G7   C   G7
He was her man, but he done her wrong.

Verse 2

C   G7   C
Frankie and John–ny went walking,
         G7   C7
Johnny had on   a new suit,
     F   C7   F
That Frankie had bought   with a "c-note"
                  C
'Cause it made him look so cute.
         G7   C   G7
He was her man, but he done her wrong.

Verse 3

C   G7   C
Johnny said "I've   got to leave now,
               G7   C7
But I won't be   very long,
     F   C7   F
Don't you sit up and wait   for me, honey,
                 C
Don't you worry while I'm gone."
         G7   C   G7
He was her man, but he done her wrong.

Verse 4

```
C                    G7     C
Frankie went down      to the hotel,
                 G7        C7
Looked in the win–dow so high;
F                C7      F
There she saw her    lovin' Johnny,
                           C
Making love to Nellie Bly.
                 G7                C    G7
He was her man, but he done her wrong.
```

Verse 5

```
C                        G7  C
Frankie she saw John–ny comin',
                  G7         C7
Down the back stairs he did scoot,
F                C7      F
Frankie, she took    out her pistol;
                           C
Oh, that lady sure could shoot!
                 G7                C    G7
He was her man, but he done her wrong.
```

Verse 6

```
C                    G7     C
Frankie, she went    to the big chair,
C         G7         C7
Calm as a la–dy could be,
F                C7      F
Turning her eyes    up, she whispered,
                           C
"Lord, I'm coming up to Thee.
                 G7                C
He was my man, but he done me wrong."
```

Freight Train

American

| *Intro* | | D | A | D G | A7 D | |

Verse 1

D   A
Freight train, freight train, run so fast,
                            D
Freight train, freight train, run so fast.
F♯7   G
Please don't tell what train I'm on,
               D   G   A7 D
They won't know what route I've gone.

Verse 2

D   A
When I'm dead and in my grave,
                    D
No more good times here I crave.
F♯7   G
Place the stones at my head and feet,
              D   G   A7 D
And tell them all I've gone to sleep.

| *Link* | | D | A | D G | A7 D | |

Verse 3

   D   **A**
When I die, oh bury me deep,
                    D
Down at the end of old Chestnut Street.
F♯7   **G**
So I can hear old Number Nine,
   D   **G** **A7 D**
As she comes roll—ing by.

Verse 4

   D   **A**
Freight train, freight train, run so fast,
                   D
Freight train, freight train, run so fast.
F♯7   **G**
Please don't tell what train I'm on,
       D   **G** **A7** **D**
They won't know what route I've gone.

Froggy Went A-Courtin'

English

Verse 1

E
Froggy went a-courtin' and he did ride, a-huh, a-huh,

Froggy went a-courtin' and he did ride,
A   B7   E
A sword and pistol by his side, a-huh, a-huh.

Well, he rode down to Missy Mousie's door,

A-huh, a-huh,

Well, he rode down to Missy Mousie's door,
A   B7   E
Where he had often been before, a-huh, a-huh.

Verse 2

He took Missy Mouse upon his knee, a-huh, a-huh,

He took Missy Mouse upon his knee,
      A   B7
Said "Missy Mouse, will you marry me?"
E
A-huh, a-huh,

"I'll have to ask my Uncle Rat" a-huh, a-huh,

"I'll have to ask my Uncle Rat,"
A   B7   E
"See what he will say to that," a-huh, a-huh.

Verse 3   Well, Uncle Rat rode off to town, a-huh, a-huh,

       Well, Uncle Rat rode off to town,
       A   **B7**   **E**
       To buy his niece a wedding gown, a-huh, a-huh.

       "Where will the wedding supper be?" a-huh, a-huh,

       "Where will the wedding supper be?"
       A   **B7**   **E**
       "Way down yonder in hollow tree?" a-huh, a-huh,

Verse 4   First to come in were two little ants, a-huh, a-huh,

       First to come in were two little ants,
       A   **B7**   **E**
       Fixing around to have a dance, a-huh, a-huh,

       Next to come in was a bumble bee, a-huh, a-huh,

       Next to come in was a bumble bee,
       A   **B7**   **E**
       Bouncing a fiddle on his knee, a-huh, a-huh.

Verse 5   And next to come in was a big tomcat, a-huh, a-huh,

       And next to come in was a big tomcat,
        A   **B7**
       He swallowed the frog and the mouse and the rat,
       E
       A-huh, a-huh,

       Next to come in was a big old snake, a-huh, a-huh,

       Next to come in was a big old snake,
       A   **B7**   **E**
       He chased the party into the lake, a-huh, a-huh.

The Girl I Left Behind Me

Irish

Verse 1

    D   **G**
The hour was sad I left a maid,
    D
A lingering farewell taking.
                G
Her sighs and tears my steps delayed;
  A7   **D**
I thought her heart was breaking.
        E7   **A7 D**
In hurried words her name I blessed,
             E7   **A7 Bm A7**
I breathed the vows that bind me.
    D   **G**
And to my heart in anguish pressed,
   A7   **D**
The girl I left behind me.

Verse 2

    D   **G**
Then to the east we bore away,
  D
To win a name in story.
                 G
And there where dawns the sun of day,
     A7   **D**
There dawned our sun of glory.
          E7   **A7 D**
Both blazed in noon, on Alma's heights,
          E7 **A7 Bm**   **A7**
When, in the past as - signed me,
    D   **G**
I shared the glory of that fight,
   A7   **D**
Sweet girl I left behind me.

Verse 3

     D   **G**
The hope of final victory,
     D
Within my bosom burning,
          G
Is mingling with sweet thoughts of thee,
   A7   **D**
And of my fond returning.
     E7 **A7 D**
But should I ne'er re – turn again,
         E7 A7   **Bm A7**
Still worth thy love you'll find me.
   D   **G**
Dishonors breath shall never stain,
   A7   **D**
The name I leave behind me.

Verse 4

     D   **G**
The dames of France are fond and free,
     D
And Flemish lips are willing,
         G
And soft the maids of Italy,
   A7   **D**
While Spanish eyes are thrilling.
     E7 **E7** **D**
Still though I bask be – neath their smile,
         E7 A7 **Bm A7**
Their charms quite fail to   bind me,
   D   **G**
And my heart falls back to Erin's Isle,
   A7   **D**
To the girl I left behind me.

Git Along Little Doggies

American

Verse 1

  C   F   G7   C
As I was a-walking one morning for pleasure,
           F   G7 C
I spied a young cow-puncher come riding along.
           F   G7   C
His hat was throwed back, his spurs were a-jingling,
           F   G7   C
And as he approached he was singin' this song.

Chorus

      G   C
Whoopee-ti-yi-yo, git along little doggies!
   G   F   C
It's your misfortune and none of my own.
          F   G7   C
Whoopee-ti-yi-yo, git along little doggies,
           F   G7   C
You know that Wyoming will be your new home.

Verse 2

  C   F   G7   C
Early in spring we round up all the doggies,
          F   G7   C
Mark 'em and brand 'em and bob off their tails,
          F   G7   C
Round up our horses, load up the chuck wagon,
          F   G7   C
Throw all them doggies right up on the trail.

Chorus

      G   C
Whoopee-ti-yi-yo, git along little doggies!
   G   F   C
It's your misfortune and none of my own.
          F   G7   C
Whoopee-ti-yi-yo, git along little doggies,
           F   G7   C
You know that Wyoming will be your new home.

Verse 3

     C   F   G7   C
Whooping and yelling and rounding the doggies,
               F   G7   C
From sunrise till sunset and all the night long.
          F   G7   C
So come now, you young, over the prairie,
              F   G7   C
And keep right on hearing my beautiful song.

Chorus

          G   C
Whoopee-ti-yi-yo, git along little doggies!
          G   F   C
It's your misfortune and none of my own.
          F   G7   C
Whoopee-ti-yi-yo, git along little doggies,
              F   G7   C
You know that Wyoming will be your new home.

Give Me That Old Time Religion

American Spiritual

Verse 1

           A
Give me that old time religion,
       E7   A
Give me that old time religion,
       A7   D
Give me that old time religion,
A   E7   A
It's good enough for me.

Verse 2

It was good for our fathers.
    E7
It was good for our fathers.
    A7   D
It was good for our fathers.
    A   E7   A
And it's good enough for me.

Verse 3

It was good for our mothers.
    E7
It was good for our mothers.
    A7   D
It was good for our mothers.
    A   E7   A
And it's good enough for me.

Verse 4 Makes me love everybody.
          E7   **A**
Makes me love everybody.
         A7   **D**
Makes me love everybody.
       A   **E7**   **A**
And it's good enough for me.

Verse 5 It will take us all to heaven.
       E7   **A**
It will take us all to heaven.
      A7   **D**
It will take us all to heaven.
       A   **E7**   **A**
And it's good enough for me.

                 A
Verse 6 Give me that old time religion,
        E7   **A**
Give me that old time religion,
         A7   **D**
Give me that old time religion,
   A   **E7**   **A**
It's good enough for me.

Go Down, Moses

African-American

Chorus

   Em   Am
Go down, Moses,
   Em
Way down in Egypt land.
   C   Em B7   Em
Tell old Phar–aoh to let my people go.

Verse 1

               B7   Em
When Israel was in Egypt's land,
B7   Em
Let my people go.
            B7   Em
Oppressed so hard they could not stand,
B7
Let my people go.

Verse 2

   Em   B7   B7
Thus spoke Lord, bold Moses said;
B7   Em
Let my people go.
       B7   Em
If not I'll smite your first-born dead,
B7   Em
Let my people go.

Chorus

   Em   Am
Go down, Moses,
   Em
Way down in Egypt land.
   C   Em B7   Em
Tell old Phar–aoh to let my people go.

Verse 3

    B7   **Em**
So let us all from bondage flee,
B7   **Em**
Let my people go.
    B7   **Em**
So let us all in God be free.
B7   **Em**
Let my people go.

Chorus

Em   **Am**
Go down, Moses,
Em
Way down in Egypt land.
C   **Em B7**   **Em**
Tell old Phar–aoh to let my people go.

The Gospel Train

African-American

Verse 1

A
The gospel train is a comin'
       E
I hear it just at hand,
A   D
I hear the car wheels movin',
    A/E   E7   A
And a-rumblin' through the land.

Chorus

      D
Oh get on board,
               A
Little children, get on board,
              D
Little children, get on board,
         B7   A/E   E7   A
Little children,   there's room for many-a more.

Verse 2

A
I hear the bell and whistle,
           E
She's coming 'round the curve.
    A   D
She's playing all her steam and power,
  A/E   E7   A
And straining every nerve.

Chorus

      D
Oh get on board,
               A
Little children, get on board,
              D
Little children, get on board,
         B7   A/E   E7   A
Little children,   there's room for many-a more.

Verse 3

       A
The fare is cheap and all can go;
           E
The rich and poor are there,
A   **D**
No second class aboard this train,
A/E   **E7**   **A**
No difference in the fare.

Chorus

Verse 4

       A
She's nearing now the station,
           E
Oh, sinner don't be vain,
A   **D**
But come and get your ticket,
A/E **E7**   **A**
And be ready for this train.

Chorus

      D
Oh get on board,
          A
Little children, get on board,
          D
Little children, get on board,
        B7   **A/E**   **E7**   **A**
Little children,   there's room for many-a more.

Go Tell It On The Mountain

African-American

Chorus
```
G   C        G
Go, tell it on the mountain,
D       C      G
Over the hills and everywhere;
    C          G   Em
Go, tell it on the mountain,
    Am        D G
That Jesus Christ is born.
```

Verse 1
```
G
While shepherds kept their watching
    D    Em  D G
Over silent flocks by night,

Behold throughout the heavens,
    A7          D   D7
There shone a holy light.
```

Chorus

Verse 2
```
        G
The shepherds feared and trembled,
    D   Em  D G
When lo! above the earth,

Rang out the angels chorus,
    A7              D   D7
That hailed the Savior's birth.
```

Chorus

Verse 3

    G
Down in a lowly manger,
  D   **Em** **D** **G**
The humble Christ was born,

And God sent us salvation,
  A7   **D** **D7**
That blessed Christmas morn.

Chorus

Verse 4

    G
I too am like a shepherd,
  D   **Em D G**
My flock of days to guard,

Each day finds time for praying,
  A7   **D**   **D7**
From this I won't retard.

Chorus

G C   **G**
Go, tell it on the mountain,
D   **C**   **G**
Over the hills and everywhere;
    C   **G**   **Em**
Go, tell it on the mountain,
    Am   **D G**
That Jesus Christ is born.

Greenland Whale Fisheries

American

Verse 1

G   C   G
'Twas in eighteen hundred and fifty-three,
           Am   D
And of June, the thirteenth day,
       G   Am   D7
That our gallant ship her anchor weighed
       G   Am D
And for Greenland bore a-way, brave boys,
       G   C D7 G
And for Greenland bore a - way.

Verse 2

      G   C G
The lookout in the cross-tree stood,
        Am D
With a spyglass in his hand;
     G   Am
"There's a whale, there's a whale,
     D7
There's a whale-fish," he cried,
      G   Am D
"And she blows at every span, brave boys,
     G   C D7 G
She blows at ev–ery span."

Verse 3

      G   C   G
Now, the boats were launched with the men aboard,
         Am D
And the whale was in full view;
    G Am   D7   G
Resolved was each seaman bold,
      G   Am   D
To steer where the whale-fish blew, brave boys,
      G   C   D7 G
To steer where the whale-fish blew.

Verse 4

```
      G          C          G
```
We struck that whale, the line played out,
```
                 Am           D
```
But she gave a flourish with her tail;
```
      G      Am          D7
```
The boat capsized and four men were drowned,
```
        G      Am       D
```
And we never caught that whale, brave boys,
```
          G      C      D7 G
```
And we never caught that whale.

Verse 5

```
         G      C          G
```
"To lose that whale," our captain said
```
                 Am     D
```
"It grieves my heart full sore,
```
         G    Am       D7
```
But, oh! to lose four gallant men,
```
         G      Am       D
```
It grieves me ten times more, brave boys,
```
         G         C D7   G
```
It grieves me ten times more."

Verse 6

```
         G          C G
```
Oh, Greenland is a dreadful place
```
                 Am   D
```
A land that's never green,
```
                 G      Am
```
Where there's ice and snow,
```
         D7
```
And the whale-fishes blow,
```
         G         Am   D
```
And daylight's seldom seen, brave boys,
```
         G         C  D7 G
```
And daylight's seldom seen.

Greensleeves

English

Verse 1

      Em   **D**
Alas, my love, you do me wrong,
      Em **F♯7** **B**
To cast me off discourteously.
       Em   **D**
And I have loved you oh, so long,
      Em   **B7**   **Em** **Am** **Em**
Delighting in your com – pa – ny.

Chorus

G   **D**
Greensleeves was all my joy
Em **F♯7**   **B**
Greensleeves was my delight,
G   **D**
Greensleeves was my heart of gold,
      Em   **B7** **Em** **Am** **Em**
And who but my Lady Green – – sleeves.

Verse 2

      Em   **D**
Your vows you've broken, like my heart,
      Em **F♯7**   **B**
Oh, why did you so enrapture me?
      Em   **D**
Now I remain in a world apart,
      Em   **B7**   **Em** **Am** **Em**
But my heart remains in capti– –vi– –ty.

Chorus

Verse 3

      Em   **D**
I have been ready at your hand,
      Em   **F♯7** **B**
To grant whatever you would crave,
Em   **D**
I have both wagered life and land,
      Em   **B7** **Em** **Am**   **Em**
Your love and good-will for   to   have.

Chorus

Verse 4
    Em   **D**
If you intend thus to disdain,
    Em   **F♯7**   **B**
It does the more enrapture me,
      Em   **D**
And even so, I still remain,
   Em **B7** **Em** **Am** **Em**
A lover in capti– – vi – –ty.

Chorus

Verse 5
     Em   **D**
Ah, Greensleeves, now farewell, adieu,
    Em **F♯7**   **B**
To God I pray to prosper thee,
    Em   **D**
For I am still thy lover true,
     Em **B7**   **Em** **Am** **Em**
Come once again and love   me.

Guantanamera

Cuban

	E A B7 E A B7

Chorus
```
E        A   B7       E      A   B7
Guantanamera,   I sing of Guantanamera,
E        A   B7       E      A   B7
Guantanamera,   I sing of Guantanamera.
```

Verse 1
```
              E              A
I come from where palm trees flourish,
B7           E          A
   To speak the truth's my desire,

I come from where palm trees flourish,
B7           E      A      B7
   To speak the truth's   my desire,
             E      A B7
And I must sing or I perish,
              E           A
The songs that fill me with fire.
```

Chorus
```
E        A   B7       E      A   B7
Guantanamera,   I sing of Guantanamera,
E        A   B7       E      A   B7
Guantanamera,   I sing of Guantanamera.
```

Verse 2
```
              E              A
My verse is bright green and shining,
B7          E         A
   And it is blood red and flowing,
B7
   My verse is bright green and shining,
B7          E      A      B7
   And it is blood red and flowing,
             E         A B7
A wounded fawn that is go—ing,
             E            A   B7
Into the hills, green and growing.
```

Chorus

```
E        A   B7       E        A   B7
```
Guantanamera,   I sing of Guantanamera,
```
E        A   B7       E        A   B7
```
Guantanamera,   I sing of Guantanamera.

Verse 3

```
                 E            A
```
With all the poor and the humble,
```
B7        E          A
```
  I cast my fate and devotion,
```
B7           E          A
```
   With all the poor and the humble,
```
B7           E   A       B7
```
  I cast my fate   and devotion.
```
                 E               A  B7
```
The mountain streams as they tumble,
```
                 E          A  B7
```
Mean more to me than the o - cean.

Chorus

```
E        A   B7       E        A   B7
```
Guantanamera,   I sing of Guantanamera,
```
E        A   B7       E        A   B7
```
Guantanamera,   I sing of Guantanamera.

Hard, Ain't It Hard

American

Verse 1

      D   G
There is a house in this old town,
D   A7
That's where my true love lays around.
      D   D7 G
Takes other women right down on his knee,
        D   A7   D
And he tells them a little tale he won't tell me.

Chorus

                             G
It's hard and it's hard, ain't it hard
      D   A7
To love one that never did love you?
D   G
Hard, and it's hard, ain't it hard, great God,
      D   A7   D
To love one that never will be true?

Verse 2

                       G
Don't go to drinkin' and gamblin',
      D   A7
Don't go there your sorrows to drown.
      D   D7 G
That hard-liquor place is a low-down disgrace,
        D   A7   D
It's the meanest damn place in this town.

Chorus

                             G
It's hard and it's hard, ain't it hard
      D   A7
To love one that never did love you?
D   G
Hard, and it's hard, ain't it hard, great God,
      D   A7   D
To love one that never will be true?

Verse 3

                                                    G
Well, who's goin' to kiss your ruby lips,
     D   **A7**
And who's goin' to hold you to their breast?
     D   **D7   G**
And who will talk your future over
               D   **A7   D**
While I'm ramblin' in the West?

Chorus

                                          G
It's hard and it's hard, ain't it hard
        D   **A7**
To love one that never did love you?
D   **G**
Hard, and it's hard, ain't it hard, great God,
     D   **A7**   **D**
To love one that never will be true?

Verse 4

                                          G
The first time I seen my true love,
D   **A7**
He was walkin' by my door.
          D   **D7 G**
And the last time I saw his false-hearted smile
          D   **A7**   **D**
He was dead on his bar-room board.

Chorus

                                          G
It's hard and it's hard, ain't it hard
        D   **A7**
To love one that never did love you?
D   **G**
Hard, and it's hard, ain't it hard, great God,
     D   **A7**   **D**
To love one that never will be true?

Haul Away, Joe

English

Verse 1

Dm   Am   C   Dm
When I was a little lad, me mother always told me,
               Am
That if I did not kiss the girls,
C   Dm
My lips would all grow moldy.
       Am   C   Dm
'Way haul away, we'll haul away for finer weather,
       Am   C   Dm
'Way haul away, we'll haul away, Joe.

Verse 2

             Am
King Louis was the King of France
C   Dm
Before the revolution,
          Am
And then he got his head chopped off,
C   Dm
It spoiled his constitution.
       Am   C   Dm
'Way haul away, we'll haul away for finer weather,
       Am   C   Dm
'Way haul away, we'll haul away, Joe.

Verse 3

       Am   C   Dm
Once I was in Ireland, a-diggin' dirt and taties,
         Am
But now I'm on a Yankee ship,
C   Dm
A-haulin' on the braces.
       Am   C   Dm
'Way haul away, we'll haul away for finer weather,
       Am   C   Dm
'Way haul away, we'll haul away, Joe.

Verse 4

            Am
St. Patrick was a gentleman,
  C   **Dm**
He came from decent people,
            Am
He built a church in Dublin town
  C   **Dm**
And on it put a steeple.
      Am   **C**   **Dm**
'Way haul away, we'll haul away for finer weather,
      Am   **C**   **Dm**
'Way haul away, we'll haul away, Joe.

Verse 5

      Am C   **Dm**
'Way, haul away, rock and roll me over,
      Am   **C**   **Dm**
'Way, haul away, well roll me in the clover.
      Am   **C**   **Dm**
'Way haul away, we'll haul away for finer weather,
      Am   **C**   **Dm**
'Way haul away, we'll haul away, Joe.

Havah Nagilah

Israeli

B
Verse 1   Havah nagilah,

Havah nagilah,
Em
Havah nagilah,
B
Vay nism'chayh.

Verse 2   Havah nagilah,

Havah nagilah,
Em
Havah nagilah,
B
Vay nism'chayh.

Verse 3   Havah n'ranenah,
Am
Havah n'ranenah,

Havah n'ranenah,
B
Vay nism'chayh.

Verse 4   Havah n'ranenah,
Am
Havah n'ranenah,

Havah n'ranenah,
B
Vay nism'chayh.

Em
Verse 5   Uru, uru achim,

Uru achim b'lev sameyach,

Uru achim b'lev sameyach,
B7
Uru achim b'lev sameyach,

Uru achim b'lev sameyach,

Uru achim, uru achim
            Em
B'lev sameyach.

He's Got The Whole World In His Hands

African-American

Verse 1

          C
He's got the whole world in His hands,
      Dm7 G   **Dm7 G7**
He's got the whole world in His hands,
          C
He's got the whole world in His hands,
   G7   **C**
He's got the whole world in His hands.

Verse 2

He's got the tiny little baby in His hands,
      Dm7   **G**   **Dm7 G7**
He's got the tiny little baby in His hands,
          C
He's got the tiny little baby in His hands,
   G7   **C**
He's got the whole world in His hands.

Verse 3

He's got the wind and the rain in His hands,
      Dm7   **G**   **Dm7 G7**
He's got the wind and the rain in His hands,
          C
He's got the wind and the rain in His hands,
   G7   **C**
He's got the whole world in His hands.

Verse 4   He's got you and me, brother, in His hands,
              Dm7   G   Dm7 G7
              He's got you and me, brother, in His hands,
                        C
              He's got you and me, brother, in His hands,
              G7   C
              He's got the whole world in His hands.

Verse 5   He's got ev'rybody here in His hands.
              Dm7   G   Dm7 G7
              He's got ev'rybody here in His hands,
                    C
              He's got ev'rybody here in His hands,
              G7   C
              He's got the whole world in His hands.

                    C
Verse 6   He's got the whole world in His hands,
              Dm7 G   Dm7 G7
              He's got the whole world in His hands,
                    C
              He's got the whole world in His hands,
              G7   C
              He's got the whole world in His hands.

A Highland Lad My Love Was Born

Scottish

Verse 1

      A
A highland lad my love was born,
      B7 **E7**
The Lalland laws he held in scorn;
    A   **D**   **A**
But he still was faithfu' to his clan,
         D   **A**
My gallant, braw John Highlandman.

Chorus

Sing hey my braw John Highlandman,
        B7   **E7**
Sing ho my braw John Highlandman;
    A **D** **A**
There's no' a lad in a' the lan'
       D   **A**
Was match wi' my John Highlandman.

Verse 2

      A
With his philibeg an' tartan plaid,
         B7 **E7**
An' guid claymore down by his side,
  A   **D**   **A**
The ladies' hearts he did trepan,
       D   **A**
My gallant, braw John Highlandman.

Chorus

Verse 3
     A
They banish'd him beyond the sea.
       B7   **E7**
But ere the bud was on the tree,
A   **D**   **A**
Adoun my cheeks the pearls they ran,
       D   **A**
Embracing my John Highlandman.

Chorus

Verse 4
     A
But, oh! they catch'd him at the last,
       B7   **E7**
And bound him in a dungeon fast.
A   **D**   **A**
My curse upon them ev'ry one,
       D   **A**
They've hang'd my braw John Highlandman.

Chorus

Verse 5
     A
And now a widow, I must mourn,
       D   **A7**
The pleasures that will ne'er return:
A   **D** **A**
O comfort but a hearty can,
       D   **A**
When I think on John Highlandman.

Chorus

Home On The Range

American

Verse 1

        G   **C**
Oh, give me a home where the buffalo roam,
     G   **A7**   **D7**
Where the deer and the antelope play.
    G   **C**
Where seldom is heard a discouraging word,
     G   **D7**   **G**
And the skies are not cloudy all day.

Chorus

     D7   **G**
Home, home on the range,
       Em   **A7**   **D**
Where the deer and the antelope play.
    G   **C**   **Cm**
Where seldom is heard a discouraging word,
    G   **D7**   **G**
And the skies are not cloudy all day.

Verse 2

       G   **C**
How often at night where the heavens are bright,
     G   **A7**   **D7**
With the light of the glittering stars.
    G   **C**
Have I stood there amazed and asked as I gazed,
    G   **D7**   **G**
If their glory exceeds that of ours.

Chorus

Verse 3

       G   **C**
Where the air is so pure, the zephyr's so free,
    G   **A7**   **D7**
The breezes so balmy and light.
     G   **C**
That I would not exchange my home on the range,
    G   **D7**   **G**
For all of the cities so bright.

Chorus

Verse 4
      G
Oh, I love those wild flowers
  C
In this dear land of ours,
  G   **A7**   **D7**
The curlew, I love to hear scream.
    G   **C**
And I love the white rocks and the antelope flocks,
    G   **D7**   **G**
That graze on the mountain tops green.

Chorus

Verse 5
     G   **C**
Then give me a land where the bright diamond sand,
  G   **A7**   **D7**
Flows leisurely down to the stream.
    G   **C**
Where the graceful white swan goes gliding along,
    G   **D7**   **G**
Like a maid in a heavenly dream.

Chorus
    D7   **G**
Home, home on the range,
      Em   **A7**   **D**
Where the deer and the antelope play.
    G   **C**   **Cm**
Where seldom is heard a discouraging word,
    G   **D7**   **G**
And the skies are not cloudy all day.

House Of The Rising Sun

Traditional

Verse 1

         Am D7   **E7**   **Am**
There is a   house in New Orleans,
              G7   **C**
They call the Rising Sun.
E7   **Am**   **Am7 D/A**   **F7**
   And it's been the ruin of many a poor girl,
    Am E7   **Am**
And I, oh Lord, was one.

Verse 2

        E7 Am D7   **E7**   **Am**
   If I had listened to what mama had said,
             G7   **C**
I'd have been at home today,
E7   **Am**   **Am7** **D/A F7**
   Being so young and foolish, poor girl,
    Am   **F7**   **Am**
Let a gambler lead me astray.

Verse 3

    E7   **Am**   **D7** **E7 Am**
   My mother she's a tail–or,
             G7   **C**
She sells those new blue jeans.
E7   **Am**   **Am7 D/A**   **F7**
   My sweetheart, he's a drunk–ard,
Am   **E7**   **Am**
Lord, down in New Orleans.

Verse 4

    E7   **Am D7**   **E7**   **Am**
   Now the only thing a drunkard needs,
            G7   **C**
Is a suitcase and a trunk.
E7   **Am Am7**   **D/A F7**
   And the only time he's satis–fied,
    Am   **E7 Am**
Is when he's on a drunk.

Verse 5

```
E7    Am    D7  E7 Am
      Go tell my baby sis–ter,
                 G7   C
Never do what I have done,
E7    Am        Am7   D/A    F7
      To shun that house in New Orleans,
      Am    E7    Am
They call the Rising Sun.
```

Verse 6

```
E7     Am   D7   E7  Am
      One foot is on the plat–form,
                 G7    C
And the other is on the train.
E7    Am   Am7   D/A   F7
      I'm goin' back to New Orleans,
      Am    E7    Am
To wear that ball and chain.
```

Verse 7

```
E7     Am   D7    E7    Am
      I'm going back to New Orleans,
                 G7    C
My race is almost won.
E7 Am  Am7   D/A    F7
      Going back to end my life,
      Am    E7    Am
Beneath the Rising Sun.
```

Hush, Little Baby

American

| *Intro* | | D | | A7 | | | D | |

Verse 1

D   A7
Hush, little baby, don't say a word,
                       D
Poppa's gonna buy you a mockingbird,
                A7
And if that mockingbird won't sing,
                       D
Poppa's gonna buy you a diamond ring.

Verse 2

                  A7
And if that diamond ring is brass,
                 D
Poppa's gonna buy you a looking glass,
                 A7
And if that looking glass gets broke,
                   D
Poppa's gonna buy you a billy-goat.

| *Link* | | D | | A7 | | | D | |

Verse 3

A7
And if that billy-goat won't pull,
D
Poppa's gonna buy you a cart and bull,
A7
And if that cart and bull turn over,
D
Poppa's gonna buy you a dog named Rover.

Verse 4

A7
And if that dog named Rover don't bark,
D
Poppa's gonna buy you a horse and cart,
A7
And if that horse and cart fall down,
D   **A7 D**
You'll still be the sweetest little baby in   town.

I Know My Love

Irish

Verse 1

    D
I know my love by his way o' walkin',
    A7   **D**
And I know my love by his way o' talkin',
    A7   **D**
And I know my love in a suit of blue,
    A7   **D**
And if my love leaves me, what will I do?

Chorus

    A7   **D**
And still she cried, "I love him the best,
    G   **A7**   **D**
And a troubled mind, sure can know no rest."
    A7   **Bm**
And still she cried, "Bonny boys are few,
    G   **A7**   **D**
And if my love leaves me, what will I do?"

Verse 2

    D
There is a dance house in Maradyke,
    A7   **D**
And there my true love goes every night.
    A7   **D**
He takes a strange one upon his knee,
    A7
And don't you know, now, that that vexes me?

Chorus

Verse 3

     D
If my love knew I can wash and wring,
  A7   **D**
If my love knew I can weave and spin.
  A7   **D**
I'd make a coat of the finest kind,
     A7   **D**
But the love of money leaves me behind.

Chorus

Verse 4

     D
I know my love is an arrant rover,
  A7   **D**
I know he'll wander the wild world over.
  A7   **D**
In foreign parts he may chance to stray,
  A7   **D**
Where all the girls are so bright and gay.

Chorus

  A7   **D**
And still she cried, "I love him the best,
  G   **A7**   **D**
And a troubled mind, sure can know no rest."
  A7   **Bm**
And still she cried, "Bonny boys are few,
  G   **A7**   **D**
And if my love leaves me, what will I do?"

I Know Where I'm Goin'

Scottish

Verse 1

```
E        B       E
I know where I'm goin',
          C#m  A    B7
And I know who's goin' with me,
E        G#m C#m7
I know who I love,
          A              B7
And Lord knows who I'll marry.
```

Verse 2

```
E        B          E
I'll wear stockings of silk,
          C#m  A    B7
And shoes of bright green leather,
E        G#m        C#m7
Combs to buckle my hair,
          A              B7
And a ring for every finger.
```

Verse 3

```
E        B       E
Feather beds are soft,
          C#m  A  B7
And painted rooms are bonnie,
          E    G#m        C#m7
But I would trade them all,
          A                  B7
For my handsome winsome Johnny.
```

Verse 4

    E   **B**   **E**
Some say he's poor,
     C#m   **B7**
But I say that he's bonnie,
E   **G#m** **C#m7**
Fairest of them all,
     A   **B7**
Is my handsome winsome Johnny.

Verse 5

    E   **B**   **E**
I know where I'm goin',
         C#m **A** **B7**
And I know who's goin' with me,
E   **G#m** **C#m7**
I know who I love,
     A   **B7**   **E**
And Lord knows who I'll marry.

I Never Will Marry

Irish

Verse 1

D   A7
I never will marry,
D7   G
I'll be no man's wife,
             D
I intend to stay single
A7   D
All the rest of my life.

Verse 2

          A7
One day as I rambled,
D7   G
Down by the seashore,
         D
The wind it did whistle,
A7   D
And the waters did roar.

Verse 3

          A7
I heard a poor maiden,
D7 G
Make a pitiful cry,
         D
She sounded so lonesome,
A7   D
At the waters nearby.

Verse 4

            A7
"My love's gone and left me,
D7   G
He's the one I adore,
         D
I never will see him,
A7   D
No, never, no more."

Verse 5

               A7
"The shells in the ocean,
  D7   **G**
Will be my deathbed,
           D
The fish in deep water
A7   **D**
Swim over my head."

Verse 6

                 A7
She plunged her fair body,
  D7   **G**
In the water so deep,
       D
She closed her pretty blue eyes,
  A7   **D**
In the water to sleep.

Verse 7

D   **A7**
I never will marry,
  D7   **G**
I'll be no man's wife,
       D
I intend to stay single
  A7   **D**
All the rest of my life.

In Good Old Colony Times

Traditional

Verse 1

     A   E   A
In good old colony times,
               E7   A
When we were under the King,
            E   F#m   E
Three roguish chaps fell into mishaps,
        D   E7   A
Because they could not sing.

Chorus

             E   A
Because they could not sing,
             E7   A
Because they could not sing,
            E   F#m   E
Three roguish chaps fell into mishaps,
        D   E7   A
Because they could not sing.

Verse 2

     A   E   A
The first he was a miller,
                 E7   A
And the second he was a weaver,
                 F#m E
And the third he was a tai — lor,
        D   E7   A
Three roguish chaps together.

Chorus

    A   **E**   **A**

Now the miller he stole corn,

     E   **A**

The weaver he stole yarn,

     E   **F♯m**   **E**

And the little tailor stole broadcloth, for

D   **E7**   **A**

To keep these rogues warm.

Chorus

Verse 4

    A   **E**   **A**

The miller got drown'd in his dam,

        E7   **A**

The weaver got hung in his yarn,

      E

And the devil clapped his claw

F♯m   **E**

On the little tailor,

       D   **E7**   **A**

With the broadcloth under his arm.

Chorus

       E   **A**

Because they could not sing,

       E7   **A**

Because they could not sing,

      E   **F♯m** **E**

Three roguish chaps fell into mishaps,

    D   **E7**   **A**

Because they could not sing.

I Ride An Old Paint

American

Verse 1

    G
I ride an old Paint, I lead an old Dan,
    D7   **Em**
I'm goin' to Montana, to throw the Hoolihan.
    Am   **D7**   **G**   **C**
They feed in the coulees, they water in the draw,
    D7   **G**
Their tails are all matted, their backs are all raw.

Chorus

    D7
Ride around, little doggies,
    G
Ride around them slow,
      D   **G**
For the fiery and snuffy are a rarin' to go.

Verse 2

Old Bill Jones had a daughter and a son,
D7   **Em**
One went to Denver, the other went wrong.
    Am   **D7**   **G**   **C**
His wife got killed in a pool-room fight,
D7   **G**
Still he keeps singing from morning till night.

Chorus

    D7
Ride around, little doggies,
    G
Ride around them slow,
      D   **G**
For the fiery and snuffy are a rarin' to go.

Verse 3

    G
When I die, take my saddle from the wall,
D7   **Em**
Put it on my pony, lead him from the stall,
       Am   **D7**   **G**   **C**
Tie my bones to his back, turn our faces to the west,
   D7   **G**
And we'll ride the prairie that we loved the best.

Chorus

    D7
Ride around, little doggies,
   G
Ride around them slow,
     D   **G**
For the fiery and snuffy are a rarin' to go.

It Was A Lover And His Lass

English

Verse 1

    D   **A7**
It was a lover and his lass,
                         D
With a hey and a ho and a hey nonni no,
              A7   **D**
With a hey nonni, nonni no.
                    A7
That o'er the green cornfields did pass.

Chorus

    D
In springtime, in springtime,
 G   **A7**   **D**
In springtime, the only pretty ring time,
     G   **A7**
When the birds do sing;
     D   **G**
Hey ding a ding a ding, hey ding a ding a ding
      Em   **A7**   **D**   **A7**   **D**
Hey ding a ding a ding, sweet lovers love the spring.

Verse 2

         A7
Between the acres of the rye,
                         D
With a hey and a ho and a hey nonni no,
              A7   **D**
With a hey nonni, nonni no.
                    A7
These pretty country folks would lie.

Chorus

Verse 3

       A7
This carol they began to sing,
              D
With a hey and a ho and a hey nonni no,
       A7   **D**
With a hey nonni, nonni no.
       A7
How that life was but a flower.

Chorus

Verse 4

       A7
And therefore take the present time,
              D
With a hey and a ho and a hey nonni no,
       A7   **D**
With a hey nonni, nonni no.
       A7
For love is crown with the prime.

Chorus

   D
In springtime, in springtime,
 G   **A7**   **D**
In springtime, the only pretty ring time,
       G   **A7**
When the birds do sing;
       D   **G**
Hey ding a ding a ding, hey ding a ding a ding
      Em   **A7**   **D**   **A7**   **D**
Hey ding a ding a ding, sweet lovers love the spring.

I've Got Sixpence

English

Verse 1

    D
I've got sixpence, jolly, jolly sixpence,
        E7   **A7**
I've got sixpence to last me all my life.
    D   **D7**   **G**   **Em**
I've got tuppence to spend, and tuppence to lend,
  A7   **D**
And tuppence to take home to my wife.

Chorus

    A   **D**
No friends have I to grieve me,
  G   **A**
No pretty little girls to deceive me,
  D   **Em**
I'm happy as a lark believe me,
  A   **D**
As I go rolling, rolling home.
    A7
Rolling home, rolling home,
   D
Rolling home, rolling home,
  A7   **D**   **A7**
By the light of the silvery moon.
D   **G**
Happy is the day when we the navy gets its pay,
  A7   **D**
And I go rolling home.

Verse 2

I've got fourpence, jolly, jolly fourpence,
        E7   **A7**
I've got fourpence to last me all my life.
  D   **A7**   **G**   **Em**
I've a penny to spend, and a penny to lend,
  A7   **D**
And tuppence to take home to my wife.

Chorus

Verse 3

    D

I've got tuppence, jolly, jolly tuppence,

           E7   **A7**

I've got tuppence to last me all my life.

   D   **A7**   **G**   **D**

I've a penny to spend, and a penny to lend,

 A7   **D**

And nothing to take home to my wife.

Chorus

Verse 4

    D

I've got nothing, jolly, jolly nothing,

           E7   **A7**

I've got nothing to last me all my life.

     D   **A7**   **G**   **D**

I've got nothing to spend, and nothing to lend,

 A7   **D**

And nothing to take home to my wife.

Chorus

    A   **D**

No friends have I to grieve me,

   G   **A**

No pretty little girls to deceive me,

    D   **Em**

I'm happy as a lark believe me,

  A   **D**

As I go rolling, rolling home.

     A7

Rolling home, rolling home,

     D

Rolling home, rolling home,

     A7   **D**   **A7**

By the light of the silvery moon.

D   **G**

Happy is the day when we the navy gets its pay,

   A7   **D**

And I go rolling home.

Jennie Jenkins

American

Verse 1

    E   **B7**
Will you wear white, oh my dear, oh my dear,
    E   **B7**
Oh, will you wear white, Jennie Jenkins?
         E
No, I won't wear white,
         A
For the color's too bright.

Chorus

    E
I'll buy me a fol-dy-roldy-tildy-toldy

Seek-a-double, use-a-cozy-roll-to-find-me
        B7   **E**
Roll, Jennie Jenkins, roll.

Verse 2

                B7
Will you wear green, my dear, oh my dear,
    E   **B7**
Oh, will you wear green, Jennie Jenkins?
     E
No, I won't wear green,
        A
For it's a shame to be seen.

Chorus

Verse 3

    E   **B7**
Will you wear yellow, my dear, oh my dear,
    E   **B7**
Oh will you wear yellow, Jennie Jenkins?
    E
No, I won't wear yellow,
     A
For I'd never get a fellow.

               E   **B7**

Verse 4   Will you wear blue, my dear, oh my dear,

               E   **B7**

Oh, will you wear blue, Jennie Jenkins?

                  E

No, I won't wear blue,

                  A

For the color's too true.

Chorus

               E   **B7**

Verse 5   Will you wear brown, my dear, oh my dear,

               E   **B7**

Oh, will you wear brown, Jennie Jenkins?

                  E

No, I won't wear brown,

                  A

For I'd never get around.

Chorus

               E   **B7**

Verse 6   Will you wear beige, my dear, oh my dear

               E   **B7**

Oh will you wear beige, Jennie Jenkins

                  E

No, I won't wear beige

                  A

For it shows my age.

Chorus

Jesse James

Words and Music by Billy Gashade

Verse 1

     G   C   G

Jesse James was a lad who killed many a man,

               Bm7 Em7 D7

Once robbed the Glen–dale   train.

     G

He would steal from the rich,

        C   G

He would give to the poor,

            A7   D7 G

Had a hand and a heart and a brain.

G7 C   Cm G

Poor Jesse had a wife to   mourn for his life,

             Em   A7

Three children, they were brave.

Chorus

  D7   G

   But that dirty little coward

   C

That shot Jimmy Howard,

         A7 D7 G

Has laid poor Jesse in his grave.

Verse 2

                     C   G

Jesse James was a friend and he helped ev'ryone,

            Bm7 Em7   D7

With the loot that he stole   from the bank.

     G   C   G

When a robb'ry occurred, no-one had a doubt,

         A7 D7   G

It was he and his dear brother Frank.

G7 C   Cm   G

Then Robert Ford, for the sake of reward,

          Em7   A7

His word to the gov'nor gave.

Chorus

D7   G
    But that dirty little coward
    C
That shot Jimmy Howard,
          A7 D7   G
Has laid poor Jesse in his grave.

Verse 3

     G   C
Jesse James took a name, "Jimmy Howard,"
     G   Bm Em7 D7
And flew to a town where he   wasn't known.
       G   C   G
But his friend Robert Ford, neither faithful nor true,
                      A7   D7   G
Turned against him and caught him alone.
G7 C
Poor Jesse, he was mourned,
Cm   G
And his killer was scorned,
                Em7 A7
How can friendship so   behave?

Chorus

D7   G
    But that dirty little coward
    C
That shot Jimmy Howard,
          A7 D7   G
Has laid poor Jesse in his grave.

John Henry

Traditional

Verse 1

       D
Well, ev'ry Monday morning
          C G A
When the bluebirds begin to sing,
    D   **G7**
You can see John Henry out on the line.
    D
You can hear John Henry's hammering,
                  A7   **D**
Lord, Lord you can hear John Henry's hammering.

Verse 2

When John Henry was a little baby,
            C G C
A sitting on his papa's knee,
 D   **G7**
He picked up a hammer and a little piece of steel,
       D
Said, "Hammer's gonna be the death of me,
            A7   **D**
Hammer's gonna be the death of me."

Verse 3

Well the captain said to John Henry,
          C   **G**   **C**
"Gonna bring me a steam drill 'round.
    D   **G7**
Gonna bring me a steam drill out on the job,
    D
Gonna whup that steel on down,
              A7   **D**
Oh, Lord, gonna whup that steel on down."

Verse 4

    D
John Henry said to his captain,
        C   **G**   **A**
"A man ain't nothin' but a man,
    D   **G7**
And before I let that steam drill beat me down,
    D
I'll die with a hammer in my hand,
               A7   **D**
Oh, Lord, I'll die with a hammer in my hand."

Verse 5

    D
John Henry, he drove fifteen feet,
   C   **G**   **A**
The steam drill only made nine.
      D   **G7**
But he hammered so hard, he broke his heart,
    D
And he laid down his hammer and died,
             A7   **D**
Oh, Lord, he laid down his hammer and died.

Verse 6

    D
They took John Henry to the graveyard,
     C   **G**   **A**
And they buried him in the sand.
    D   **G7**
And every locomotive comes a-roaring by,
     D
Says, "There lies a steel-driving man,
             A7   **D**
Oh, Lord, there lies a steel-driving man."

Johnny Has Gone For A Soldier

Traditional

Intro

```
| Am    Em   | Am         |
| C     E7   | Am         |
```

Verse 1

Am   Em Am
There I sat on Buttermilk Hill,
C   Em   Am
Who could blame me, cryin' my fill?
      C   Am   Dm
And ev'ry tear would turn a mill,
Am   Em   Am
Johnny has gone for a soldier.

Verse 2

         Em Am
Me, oh my, I loved him so,
C   Em   Am
Broke my heart to see him go,
      C   Am   Dm
And only time will heal my woe,
Am   Em   Am
Johnny has gone for a soldier.

Link

```
| Am    Em   | Am         |
| C     E7   | Am         |
```

<pre>
                          Em   Am
Verse 3   I'll sell my rod, I'll sell my reel,
               C   Em   Am
               Likewise I'll sell my spinning wheel,
                 C   Am   Dm
               And buy my love a sword of steel,
               Am   Em   Am
               Johnny has gone for a soldier.
</pre>

<pre>
                          Em   Am
Verse 4   I'll dye my dress, I'll dye it red,
                 C   Em   Am
               And through the streets I'll beg for bread,
                   C   Am   Dm
               For the lad that I love from me has fled,
               Am   Em   Am
               Johnny has gone for a soldier.
</pre>

Kumbaya

African

Verse 1

      D   **Em7 D**
Kumbaya my Lord, Kumbaya,
                 Em7 A7
Kumbaya my Lord, Kumbaya,
      D   **Em7 D**
Kumbaya my Lord, Kumbaya,
Em D/F♯   A7   D
Oh   Lord,   Kumbaya.

Verse 2

        D   **Em7 D**
Someone's singing Lord, Kumbaya,
        D   **Em7 A7**
Someone's singing Lord, Kumbaya,
        D   **Em7 D**
Someone's singing Lord, Kumbaya,
Em D/F♯   A7   D
Oh   Lord,   Kumbaya.

Verse 3

        D   **Em7 D**
Someone's laughing Lord, Kumbaya,
        D   **Em7 A7**
Someone's laughing Lord, Kumbaya,
        D   **Em7 D**
Someone's laughing Lord, Kumbaya,
Em D/F♯   A7   D
Oh   Lord,   Kumbaya.

Verse 4

      D   **Em7 D**
Someone's crying Lord, Kumbaya,
        D   **Em7 A7**
Someone's crying Lord, Kumbaya,
        D   **Em7 D**
Someone's crying Lord, Kumbaya,
Em D/F♯   A7   D
Oh   Lord,   Kumbaya.

Verse 5

                    D   **Em7 D**
          Someone's praying Lord, Kumbaya,
                    D   **Em7 A7**
          Someone's praying Lord, Kumbaya,
                    D   **Em7 D**
          Someone's praying Lord, Kumbaya,
          Em D/F♯ A7   D
          Oh   Lord,   Kumbaya.

Verse 6

                    D   **Em7 D**
          Someone's sleeping Lord, Kumbaya,
                    D   **Em7 A7**
          Someone's sleeping Lord, Kumbaya,
                    D   **Em7 D**
          Someone's sleeping Lord, Kumbaya,
          Em D/F♯ A7   D
          Oh   Lord,   Kumbaya.

Liza Jane

American

Verse 1

D   Bm
I'll go up on the mountain top,
D   Bm
And plant me a patch of cane,
D   Bm
I'll make me a jug of molasses,
D   A7 D
For to sweeten little Liza Jane.

Chorus

Oh, po' Liza, po' gal,
            Bm
Oh, po' Liza Jane,
Em   D
Oh, po' Liza, po' gal,
G   A7   D
She died on the train.

Verse 2

D   Bm
I'll go up on the mountain top,
D   Bm
Put up my moonshine still,
D   Bm
I'll make you a quart of old moonshine,
D   A7   D
For just one dollar bill.

Chorus

Verse 3

D   Bm
I went to see my Liza Jane,
D   Bm
She was standin' in the door,
D   Bm
Her shoes and stockings in her hand,
D   A7   D
And her feet all over the floor.

Chorus

Verse 4
```
D               Bm
Head is like a coffee pot,
D               Bm
Nose is like a spout,
    D                  Bm
Her mouth is like an old fireplace,
              D    A7      D
With the ashes all raked out.
```

Chorus

Verse 5
```
D                  Bm
The hardest work I ever did
       D              Bm
Was a-brakin' on the train,
       D                   Bm
The easiest work that I ever did,
       D               A7   D
Was a-huggin' little Liza Jane.
```

Chorus
```
Oh, po' Liza, po' gal,
                  Bm
Oh, po' Liza Jane,
Em          D
Oh, po' Liza, po' gal,
G       A7    D
She died on the train.
```

Loch Lomond

Scottish

Verse 1

D   G
By yon bonnie banks and by yon bonnie braes,
    D   Bm   G D
Where the sun shines bright on Loch Lo–mond.
   G   D   Em   G
Where me and my true love were ever wont to gae,
A   D   G   A7 D
On the bonnie, bonnie banks o' Loch Lo–mond.

Chorus

             G   D
Oh, ye'll take the high road and I'll take the low road,
        G   D
And I'll be in Scotland afore ye,
   G   D   Em   G
But me and my true love will never meet again,
A   D   G   A7 D
On the bonnie, bonnie banks o' Loch Lo–mond.

Verse 2

            G
'Twas there that we parted in yon shady glen,
    D   Bm   G D
On the steep, steep side o' Ben Lo–mond,
   G   D   Em   G
Where in purple hue the Highland hills we view,
A   D   G   A7   D
And the morn shines out frae the gloaming.

Chorus

                              G   **D**

Oh, ye'll take the high road and I'll take the low road,

                    G   **D**

And I'll be in Scotland afore ye,

   G   **D**   **Em**   **G**

But me and my true love will never meet again,

A   **D**   **G**   **A7 D**

On the bonnie, bonnie banks o' Loch Lo–mond.

Verse 3

                          G

The wee bird may sing and the wild flowers spring,

         D   **G** **D**

And in sunshine the waters are sleeping,

   G   **D**   **Em**   **G**

But the broken heart it sees nae second spring,

A   **D**   **G**   **A7 D**

And the world does nae ken how we're greeting.

Chorus

                              G   **D**

Oh, ye'll take the high road and I'll take the low road,

                    G   **D**

And I'll be in Scotland afore ye,

   G   **D**   **Em**   **G**

But me and my true love will never meet again,

A   **D**   **G**   **A7 D**

On the bonnie, bonnie banks o' Loch Lo–mond.

Lonesome Valley

American

Intro	| E	| A	| E	| B B7 |

Verse 1

       E   A
Jesus walked this lonesome valley.
       E   B
He had to walk it by Himself;
B7 E   A
O,   nobody else could walk it for Him,
   F♯m7 E   B7   E
He had to walk it by Himself.

Verse 2

          E   A
We must walk this lonesome valley,
        E   B
We have to walk it by ourselves;
B7 E   A
O,   nobody else can walk it for us,
   F♯m7 E   B7   E
We have to walk it by ourselves.

Link	| E	| A	| E	| B B7 |

Verse 3

        E   A
You must go and stand your trial,
              E   B
You have to stand it by yourself,
B7 E   **A**
O,   nobody else can stand it for you,
    F♯m7 E   **B7**   **E**
You have to stand it by yourself.

Verse 4

        E   A
Jesus walked this lonesome valley.
              E   B
He had to walk it by Himself;
B7 E   **A**
O,   nobody else could walk it for Him,
    F♯m7 E   **B7**   **E**
He had to walk it by Himself.

Look Down That Lonesome Road

African-American

Intro	| D D7 | G Gm |
	| D A7 | D |

Verse 1

D   D7   G   Gm
Look down, look down that lonesome road,
        D   A7   D
Hang down your head and sigh.
          D7   G   Gm
The best of friends must part someday,
       D   A7   D
And why not you and I?

Verse 2

              D7   G   Gm
True love, true love, what have I done,
     D   A7   D
That you should treat me so?
               D7   G   Gm
You caused me to talk and to walk with,
   D   A7   D
Like I never done before.

Link	| D D7 | G Gm |
	| D A7 | D |

Verse 3

     D   **D7**   **G**   **Gm**
I wish to God that I had died,
     D   **A7**   **D**
Had died 'fore I was born.
       D   **G**   **Gm**
Before I seen your smilin' face,
     D   **A7** **D**
And heard your lyin' tongue.

Verse 4

D   **D7**   **G**   **Gm**
Look down, look down that lonesome road,
     D   **A7**   **D**
Hang down your head and sigh.
       D7   **G**   **Gm**
The best of friends must part someday,
     D   **A7**   **D**
And why not you and I?

Mama Don't 'Low

American

Verse 1

G
Mama don't 'low no guitar pickin' 'round here,
          D7
Mama don't 'low no guitar pickin' 'round here,
G   **G7/B**
Well, I don't care what Mama don't 'low,
  C   **E°7**
Gonna pick my guitar anyhow,
G   **C**   **D7**   **G**
Mama don't 'low no guitar pickin' 'round here.

Verse 2

D7 G
    Mama don't 'low no banjo playin' 'round here,
          D7
Mama don't 'low no banjo playin' 'round here,
   G   **G7/B**
Well, I don't care what Mama don't 'low,
    C   **E°7**
Gonna play my banjo anyhow,
G   **C**   **D7**   **G**
Mama don't 'low no banjo playin' 'round here.

Verse 3

D7 G
      Mama don't 'low no cigar smokin' 'round here,
                                    D7
Mama don't 'low no cigar smokin' 'round here,
  G   **G7/B**
Well, I don't care what Mama don't 'low,
     C   **E°7**
Gonna smoke my cigar anyhow,
G   **C** **D7**   **G**
Mama don't 'low no cigar smokin' 'round here.

Verse 4

D7 G
      Mama don't 'low no talkin' 'round here,
                                 D7
Mama don't 'low no talkin' 'round here,
  G   **G7/B**
Well, I don't care what Mama don't 'low,
     C   **E°7**
Gonna shoot my mouth off anyhow,
G   **C** **D7**   **G**
Mama don't 'low no talkin' 'round here.

A Man Without A Woman

American

Chorus

```
     G              Am
A man without a woman
D       Am D7      G
Is like a ship without a sail,
           C              G
Is like a boat without a rudder,
A7              D
A fish without a tail.
```

Verse 1

```
     G              Am
A man without a woman
D       Am    D7     B
Is like a useless, empty can,
               C                        G
And if there's one thing worse, in this universe,
        A7     D7     A7
It's a woman, I said, a woman,
D7   A7        D7  G
It's a woman without a man!
```

Chorus

Verse 2

```
       G                Am
Now you can roll a silver dollar
D     Am    D7     B
'Cross the    bar-room floor,
             C              G
And it'll roll, 'cause it's round.
     A7          D7            A7
A woman never knows what a good man she's got,
D7   A7    D7      G
    Until she puts him down!
```

                G   Am
So listen, my honey, listen to me,
            D   Am   D7   G
I want you to understand,
                                C   G
Just like a silver dollar goes from hand to hand,
        A7   D7   A7
A woman goes from man to man,
D7   A7   D7   G
    A woman goes from man to man.

                G   Am
A man without a woman
D   Am   D7   G
Is like a ship without a sail,
                C   G
Is like a boat without a rudder,
        A7   D
A fish without a tail.

Michael Row The Boat Ashore

African-American

Chorus
             C   F C
Michael row the boat ashore, Allelu-ya.
         Em   Dm   C G7 C
Michael row the boat ashore, Allelu– – – –ya.
             C   F C
Sister help to trim the sail, Allelu-ya.
         Em   Dm   C G7 C
Sister help to trim the sail, Allelu– – – –ya.

Verse 1
             C   F C
Michael's boat is a gospel boat, Allelu-ya.
         Em   Dm   C G7 C
Michael's boat is a gospel boat, Allelu– – – –ya.
             C   F C
The river is deep and the river is wide, Allelu-ya.
         Em   Dm   C G7 C
Green pastures on the other side, Allelu– – – –ya.

Chorus
             C   F C
Michael row the boat ashore, Allelu-ya.
         Em   Dm   C G7 C
Michael row the boat ashore, Allelu– – – –ya.
             C   F C
Sister help to trim the sail, Allelu-ya.
         Em   Dm   C G7 C
Sister help to trim the sail, Allelu– – – –ya.

Verse 2

              C   **F C**
Jordan's river is chilly and cold, Allelu-ya.
        Em   **Dm**   **C G7 C**
Chills the body but not the soul, Allelu– – –ya.
              C   **F C**
Jordan's river is deep and wide, Allelu-ya.
        Em   **Dm**   **C G7 C**
Meet my mother on the other side, Allelu– – –ya.

Chorus

              C   **F C**
Michael row the boat ashore, Allelu-ya.
        Em   **Dm**   **C G7 C**
Michael row the boat ashore, Allelu– – –ya.
             C   **F C**
Sister help to trim the sail, Allelu-ya.
        Em   **Dm**   **C G7 C**
Sister help to trim the sail, Allelu– – – –ya.

Midnight Special

American

Verse 1

                   C
Well, you wake up in the morning,
             G
You hear the ding-dong ring,
                A7
You go marching to the table,
      D7   **G**
To see the same damn thing.
                C   **G**
You find no food upon the table, nothing up in the pan,
               A7
And if you say anything about it,
      D7   **G**
You're in trouble with the man.

Chorus

              C
Let the Midnight Special,
         G
Shine her light on me,
           A7
Let the Midnight Special,
      D7   **G**
Shine her ever lovin' light on me.

Verse 2

              C   **G**
If you're ever down in Houston, you'd better walk on by,
          A7   **D7**   **G**
Oh, you'd better not gamble, and you'd better not fight,
             C
'Cause the sheriff will arrest you,
        G
And he'll carry you down,
              A7
And you can bet your bottom dollar,
      D7   **G**
You're Sugarland bound.

Chorus

                             C

Verse 3   Yonder come Miss Rosie,
                        G
     How in the world did you know?
              A7   **D7**   **G**
     I know her by her apron, and the dress she wore.
             C   **G**
     Umbrella on her shoulder, piece of paper in a hand;
                  A7   **D7**   **G**
     Well, I heard her tell the captain, "I want my man."

Chorus

                             C

Verse 4   Well the biscuits on the table,
                  G
     Just as hard as any rock,
              A7   **D7**   **G**
     If you try to eat them, break a convict's heart,
             C   **G**
     My sister wrote a letter, my mother wrote a card,
                      A7
     "If you want to come and see us,
             D7   **G**
     You'll have to ride the rods."

                      C

Chorus   Let the Midnight Special,
                  G
     Shine her light on me,
                  A7
     Let the Midnight Special,
            D7   **G**
     Shine her ever lovin' light on me.

The Minstrel Boy

Irish

Verse 1

       D   G   D A Bm
The Minstrel Boy to the war is   gone,
   G   D   A D
In the ranks of death you'll find him;
        G   D A D
His father's sword he has girded on,
     G   D   A D
And his wild harp slung behind him;
Bm F♯7 Bm   A   F♯m
"Land of   Song!" said the warrior bard,
  F♯7   Bm   F♯7   Bm
"Though all the world betrays thee,
      D   G   D A Bm
One sword, at least, thy rights shall guard,
    G   D   A7   D
One faithful harp shall praise thee!"

Verse 2

       D   G   D A   Bm
The Minstrel fell! But the foeman's chain,
        G   D   A D
Could not bring that proud soul un-der;
         G   D   A D
The harp he lov'd ne'er spoke a– –gain,
     D   G   A D
For he tore its chords asunder;
   Bm F♯7 Bm   A   F♯m
And said "No   chains shall sully thee,
F♯7 Bm   F♯7 Bm
Thou soul of love and brav-ery!
      D   G   D A D
Thy songs were made for the pure and free,
    G   D   A7 D
They shall never sound in slavery!"

Verse 3

    D   **G**   **D** **A** **Bm**
The Minstrel Boy will return we pray,
        G   **D**   **A**   **D**
When we hear the news we all will cheer it,
        G   **D** **A** **Bm**
The Minstrel Boy will return one day,
     G   **D**   **A D**
Torn perhaps in body, not in spirit.
    Bm F♯7 **Bm**   **A**   **F♯m**
Then may he   play on his harp in peace,
 F♯7 Bm   **F♯7**   **Bm**
In a   world such as Heaven has intended,
     D   **G**   **D** **A** **Bm**
For all the bitterness of man must cease,
     G   **D**   **A7** **D**
And ev'ry battle must be end–ed.

Mister Rabbit

American

           E

Verse 1   "Mister Rabbit, Mister Rabbit,

Your tail's mighty white."
                   A   E
"Yes, bless God, been gettin' outta sight."
              A   E
Every little soul must shine, shine, shine,
                B7
Every little soul's gonna shine!

           E

Verse 2   "Mister Rabbit, Mister Rabbit,

Your coat's mighty gray."
               A   E
"Yes, bless God, been out all day."
              A   E
Every little soul must shine, shine, shine,
                B7
Every little soul's gonna shine!

           E

Verse 3   "Mister Rabbit, Mister Rabbit,

Your ears are mighty long!"
               A   E
"Yes, bless God, they put on wrong."
              A   E
Every little soul must shine, shine, shine,
                B7
Every little soul's gonna shine!

Verse 4

           E
"Mister Rabbit, Mister Rabbit,

Your ears are mighty thin!"
               A   **E**
"Yes, bless God, been splittin' the wind."
             A   **E**
Every little soul must shine, shine, shine,
                  B7
Every little soul's gonna shine!

Verse 5

           E
"Mister Rabbit, Mister Rabbit,

You're in my cabbage patch!"
           A   **E**
"Yes, bless God, I won't come back."
             A   **E**
Every little soul must shine, shine, shine,
              B7
Every little soul's gonna shine!

Molly Malone

Irish

Verse 1

G   Em7
In Dublin's fair city,
C   D7
Where girls are so pretty,
G   Em7   A7   D7
I first set my eyes on sweet Molly Malone,
G   G7
As she pushed her wheelbarrow
C   Cm
Through streets broad and narrow,
G   Em7   A7   D7 G
Crying, "Cockles and mussels, alive, alive oh!"

Chorus

G7   Am   A°7
Alive, alive oh! Alive, alive oh!
G   Em7   A7   D7 G
Crying, "Cockles and mussels, alive, alive oh!"

Verse 2

G   Em7
Now she was a fishmonger,
C   D7
But sure 'twas no wonder,
G   Em7   A7   D7
For so were her father and mother before,
G   G7
And they each wheeled their barrow,
C   Cm
Through streets broad and narrow,
G   Em7   A7   D7 G
Crying, "Cockles and mussels, alive, alive oh!"

            G7   Am   A°7
Alive, alive oh! Alive, alive oh!
           G   Em7   A7   D7 G
Crying, "Cockles and mussels, alive, alive oh!"

Verse 3

           G   Em7
She died of a fever,
           C   D7
And no one could save her,
           G   Em7   A7   D7
And that was the end of sweet Molly Malone.
           G   G7
Now her ghost wheels her barrow,
           C   Cm
Through streets broad and narrow,
           G   Em7   A7   D7 G
Crying, "Cockles and mussels, alive, alive oh!"

Chorus

            G7   Am   A°7
Alive, alive oh! Alive, alive oh!
           G   Em7   A7   D7 G
Crying, "Cockles and mussels, alive, alive oh!"

Nine Hundred Miles

American

Verse 1

      Bm
Well, I'm walking down the track,

I've got tears in my eyes,
Em   **Bm**
Tryin' to read a letter from my home,

And if this train runs me right,
     D   **G**
I'll be home tomorrow night.

Chorus

      Bm   **Em**   **Bm**
'Cause I'm nine hundred miles from my home,
    A   **Bm**
And I hate to hear that lonesome whistle blow,
    A   **Bm**
That long, lonesome train whistling down.

Verse 2

Well this train I ride on,

Is a hundred coaches long,
     Em   **Bm**
You can hear the whistle blow a hundred miles.

And if this train runs me right,
     D   **G**
I'll be home tomorrow night.

Chorus

Verse 3
        Bm
Well, I'll pawn you my watch,

And I'll pawn you my chain,
  Em   **Bm**
I will pawn you my gold diamond ring.

And if this train runs me right,
    D   **G**
I'll be home tomorrow night.

Chorus

Verse 4
     Bm
If my woman says so,

I will railroad no more,
   Em   **Bm**
But I'll sidetrack that wheeler and go home,

And if this train runs me right,
    D   **G**
I'll be home tomorrow night.

Chorus
      Bm   **Em**   **Bm**
'Cause I'm nine hundred miles from my home,
   A   **Bm**
And I hate to hear that lonesome whistle blow,
   A   **Bm**
That long, lonesome train whistling down.

Nobody Knows The Trouble I've Seen

African-American

Chorus

> E   A   E
> Nobody knows the trouble I've seen,
>   A   B7
> Nobody knows but Jesus.
> E   A   E
> Nobody knows the trouble I've seen,
>   B7 E
> Glory Hallelujah!

Verse 1

> Sometimes I'm up, sometimes I'm down,
>   B7
> Oh, yes Lord,
>   E
> Sometimes I'm almost to the ground,
>   B7 E
> Oh, yes Lord.

Chorus

Verse 2

>   E
> Now you may think that I don't know,
>   B7
> Oh, yes Lord,
>   E
> But I've had my troubles, here below,
>   B7 E
> Oh, yes Lord.

Chorus

Verse 3

>   E
> One day when I was walking along,
>   B7
> Oh, yes Lord,
>   E
> The sky opened up and love came down,
>   B7 E
> Oh, yes Lord.

Chorus

Verse 4
        E
What made old Satan hate me so?
      B7
Oh, yes Lord,
    E
He had me once and had to let me go,
    B7 E
Oh, yes Lord.

Chorus

Verse 5
     E
I never shall forget that day,
    B7
Oh, yes Lord,
    E
When Jesus washed my sins away,
   B7 E
Oh, yes Lord.

Chorus
    E   **A**   **E**
Nobody knows the trouble I've seen,
        A   **B7**
Nobody knows but Jesus.
    E   **A**   **E**
Nobody knows the trouble I've seen,
     B7 **E**
Glory Hallelujah!

Oh Freedom

African-American

Verse 1

G   D7 G
Oh freedom, oh freedom,
      D7
Oh freedom over me.
   G
And before I'd be a slave
   C
I'd be buried in my grave
   G   D7   G
And go home to my Lord and be free.

Verse 2

        D7   G
No more mourning, no more mourning,
        D7
No more mourning over me.
   G
And before I'd be a slave
   C
I'd be buried in my grave
   G   D7   G
And go home to my Lord and be free.

Verse 3

      D7   G
No more weeping, no more weeping,
       D7
No more weeping over me,
   G
And before I'd be a slave
   C
I'd be buried in my grave
   G   D7   G
And go home to my Lord and be free.

Verse 4

              D7   **G**
No more fighting, no more fighting,
                 D7
No more fighting over me.
    G
And before I'd be a slave
    C
I'd be buried in my grave
      G   **D7**   **G**
And go home to my Lord and be free.

Verse 5

              D7   **G**
There'll be singing, there'll be singing,
               D7
There'll be singing over me.
    G
And before I'd be a slave
    C
I'd be buried in my grave
      G   **D7**   **G**
And go home to my Lord and be free.

Verse 1

G   **D7 G**
Oh freedom, oh freedom,
             D7
Oh freedom over me.
    G
And before I'd be a slave
    C
I'd be buried in my grave
      G   **D7**   **G**
And go home to my Lord and be free.

Oh Sinner Man

African-American

Verse 1

Em
Oh sinner man, where you gonna run to,
D
Oh sinner man, where you gonna run to,
Em
Oh sinner man, where you gonna run to,
  D   Em
All on that day?

Verse 2

Run to the rock, the rock was a-melting,
D
Run to the rock, the rock was a-melting,
Em
Run to the rock, the rock was a-melting,
  D   Em
All on that day.

Verse 3

Run to the sea, the sea was a-boiling,
D
Run to the sea, the sea was a-boiling,
Em
Run to the sea, the sea was a-boiling,
  D   Em
All on that day.

Verse 4   Run to the moon, the moon was a-bleeding,
D
Run to the moon, the moon was a-bleeding,
Em
Run to the moon, the moon was a-bleeding,
   D   **Em**
All on that day.

Verse 5   Run to the Lord, Lord, won't you hide me,
D
Run to the Lord, Lord, won't you hide me,
Em
Run to the Lord, Lord, won't you hide me,
   D   **Em**
All on that day?

Verse 6   Oh sinner man, you oughta been a-praying,
D
Oh sinner man, you oughta been a-praying,
Em
Oh sinner man, you oughta been a-praying,
   D   **Em**
All on that day.

The Old Chisholm Trail

American

Verse 1

        E
Well, come along, boys, and listen to my tale,
B7   **E**
I'll tell you all my troubles on the old Chisholm trail.
        B7   **E**
Come a-ti yi yippy, yippy yay, yippy yay.
        B7   **E**
Come a-ti yi yippy, yippy yay.

Verse 2

I woke one day and started on the trail,
        B7   **E**
A rope was in my hand, I had a cow by the tail.
        B7   **E**
Come a-ti yi yippy, yippy yay, yippy yay.
        B7   **E**
Come a-ti yi yippy, yippy yay.

Verse 3

I'm up in the morning before daylight,
        B7   **E**
And before I sleep the moon shine bright.
        B7   **E**
Come a-ti yi yippy, yippy yay, yippy yay.
        B7   **E**
Come a-ti yi yippy, yippy yay.

Verse 4   It's bacon and beans I'm gettin' every day,
    B7   **E**
    I'm thinking for a change, I'm gonna eat prairie hay.
        B7   **E**
    Come a-ti yi yippy, yippy yay, yippy yay.
        B7   **E**
    Come a-ti yi yippy, yippy yay.

Verse 5   I went to the boss for pickin' up my roll,
        B7   **E**
    He figured what I borrowed, I was nine in the hole.
        B7   **E**
    Come a-ti yi yippy, yippy yay, yippy yay.
        B7   **E**
    Come a-ti yi yippy, yippy yay.

Verse 6   I guess I must wait 'til I'm old enough to die,
    B7   **E**
    I'll quit punching cattle in the sweet by and by.
        B7   **E**
    Come a-ti yi yippy, yippy yay, yippy yay.
        B7   **E**
    Come a-ti yi yippy, yippy yay.

Old Dan Tucker

American

Verse 1

A
Went to town the other night.
         E7
To hear a noise and see a fight,
A
All the folks were running around,
             E7   A
Saying "old Dan Tucker's a-come to town."

Chorus

              D
Get out of the way, old Dan Tucker
E7   A
You're too late to come for supper,
            D
Supper's over and dinner's cooking
   E7   A
And old Dan Tucker, just standing there looking.

Verse 2

Old Dan Tucker's a fine old man,
           E7
Washed his face in a frying pan,
A
Combed his hair with a wagon wheel,
           E7 A
And died with a toothache in his heel.

Chorus

Verse 3

A
Old Dan Tucker he come to town
        E7
Riding a billy goat, leading a hound.
A
Hound dog barked and the billy goat jumped,
           E7   A
They throwed Dan Tucker right straddle of a stump.

Chorus

Verse 4

    A
Old Dan Tucker clumb a tree,
            E7
His Lord and Master for to see.
    A
The limb it broke and Dan got a fall,
          E7   **A**
Never got to see the Lord at all.

Chorus

Verse 5

    A
Old Dan Tucker he got drunk,
          E7
Fell in the fire and he kicked up a chunk,
    A
Red-hot coal got in his shoe,
             E7   **A**
Lord God-a-mighty, how the ashes flew!

Chorus

Verse 6

    A
Old Dan Tucker he come to town
           E7
Swinging ladies 'round and 'round.
    A
First to the right, then to the left,
          E7   **A**
And then to the one you love the best.

Chorus

               D
Get out of the way, old Dan Tucker
E7   **A**
You're too late to come for supper,
           D
Supper's over and dinner's cooking
      E7   **A**
And old Dan Tucker, just standing there looking.

On Top Of Old Smoky

American

Verse 1

        F
On top of Old Smoky,
        C
All covered with snow,
        G7
I lost my true lover,
        C
By courting too slow.

Verse 2

        F
Well a-courting's a pleasure,
        C
But parting is grief,
        G7
And a false-hearted lover,
        C
Is worse than a thief.

Verse 3

        F
A thief he will rob you,
        C
And take what you have,
        G7
But a false-hearted lover,
        C
Will send you to your grave.

Verse 4

        F
And the grave will decay you,
        C
And turn you to dust,
        G7
But where is the young man,
        C
A poor girl can trust?

Verse 5
                F
They'll hug you and kiss you,
           C
And tell you more lies,
                  G7
Than the crossties on the railroad,
           C
Or the stars in the sky.

Verse 6
                F
They'll tell you they love you,
               C
Just to give your heart ease,
               G7
But the minute your back's turned,
                C
They'll court whom they please.

Verse 7
                F
So come all you young maidens,
         C
And listen to me,
            G7
Never place your affection,
           C
In a green willow tree.

Verse 8
                F
For the leaves they will wither,
           C
The roots they will die,
             G7
And your true love will leave you,
           C
And you'll never know why.

Over The River And Through The Wood

American

Verse 1

C
Over the river and through the woods,
    F   C
To grandfather's house we go;
    G7
The horse knows the way,
   C
To carry the sleigh,
      D7   G
Thro' the white and drifted snow.

Verse 2

C
Over the river and through the woods,
   F   C
Oh, how the wind does blow!
F   F#°7
It stings the toes,
   C/G   F
And bites the nose,
   C   G7   C
As over the ground we go.

Verse 3

Over the river and through the woods,
   F   C
To have a first-rate play;
   G7
Oh, hear the bells ring,
C
"Ting-a-ling-ling!"
    D7   G
Hurrah for Thanksgiving Day!

Verse 4

C
Over the river and through the woods,
F   C
Trot fast my dapple gray!
F   F#°7
Spring over the ground,
     C/G
Like a hunting hound,
F   G7   C
For this is Thanksgiving Day.

Verse 5

Over the river and through the woods,
    F   C
And straight through the barnyard gate,
G7   C
We seem to go extremely slow,
D7   G
It is so hard to wait!

Verse 6

C
Over the river and through the woods,
    F   C
Now grandmother's cap I spy!
F   F#°7
Hurrah for all the fun!
     C/G
Is the pudding done?
F   G7   C
Hurrah for the pumpkin pie!

Paper Of Pins

Irish-American

Verse 1

    G
I'll give to you a paper of pins,
    D
And that's the way that love begins,
    C   **G**   **D**   **G**
If you will marry me, if you will marry me.

I'll not accept a paper of pins,
    D
If that's the way that love begins,
    C   **G**   **D**   **G**
And I won't marry you, and I won't marry you.

Verse 2

I'll give to you a coach and four,
    D
That you may ride from door to door,
    C   **G**   **D**   **G**
If you will marry me, if you will marry me.

I will not accept a coach and four,
    D
That I may ride from door to door,
    C   **G**   **D**   **G**
And I won't marry you, and I won't marry you.

Verse 3   I'll give to you a fine dress of green,
     D
To make you look like a real queen,
    C   **G**   **D**   **G**
If you will marry me, if you will marry me.

I will not accept a fine dress of green,
     D
To make me look like a real queen,
    C   **G**   **D**   **G**
And I won't marry you, and I won't marry you.

Verse 4   I'll give to you the keys of my chest,
     D
That you may gold at your request,
    C   **G**   **D**   **G**
If you will marry me, if you will marry me.

Oh yes, I'll accept the keys of your chest,
     D
That I may gold at my request,
    C   **G**   **D**   **G**
And I will marry you, and I will marry you.

Verse 5   And now I see that money is all,
     D
And woman's love means nothing at all,
    C   **G**   **D G**
So I'll not marry you, so I'll not marry you.

I'm determined to be an old maid,
D
Take my stool and live in the shade,
    C   **G**   **D**   **G**
And marry no-one at all, and marry no-one at all.

Pat-A-Pan

French

Verse 1

        Em   **B7** **Em**
Willie, get your little drum,
    B7   **B**   **A♯°** **B**
Robin, bring your flute and   come
                Em
Aren't they fun to play upon?
              B
Tu-re-lu-re-lu, pat-a-pat-a-pan.
                  Em
When you play your fife and drum,
   F♯° **Em B Em**
How can any one be glum?

Verse 2

            B7   **Em**
When the men of olden days,
     B7   **B**   **A♯°** **B**
Gave the King of Kings their praise,
               Em
They had pipes to play upon.
              B
Tu-re-lu-re-lu, pat-a-pat-a-pan.
                 Em
They had drums on which to play,
   F♯°   **Em**   **B**   **Em**
Full of joy on Christmas Day.

             B7   **Em**

God and man today become,

             B7   **B**   **A♯°** **B**

Closely joined as flute and drum.

                          Em

Let the joyous tune play on.

                       B

Tu-re-lu-re-lu, pat-a-pat-a-pan.

                     Em

As the instruments you play,

       F♯°   **Em**   **B** **Em**

We will sing this Christmas Day.

             B7 **Em**

Willie, get your little drum,

             B7   **B**   **A♯°** **Em**

Robin, bring your flute and come

                         Em

Aren't they fun to play upon?

                       B

Tu-re-lu-re-lu, pat-a-pat-a-pan.

                        Em

When you play your fife and drum,

       F♯° **Em** **B** **Em**

How can any one be glum?

The Paw-Paw Patch

American

Verse 1

E
Where, oh where is dear little Nellie?
B7
Where, oh where is dear little Nellie?
E
Where, oh where is dear little Nellie?
B7   E
Way down yonder in the paw-paw patch.

Verse 2

E
Come on, boys, let's go find her,
B7
Come on, boys, let's go find her,
E
Come on, boys, let's go find her,
B7   E
Way down yonder in the paw-paw patch.

Chorus

E
Pickin' up paw-paws, puttin' 'em in your pockets,
B7
Pickin' up paw-paws, puttin' 'em in your pockets,
E
Pickin' up paw-paws, puttin' 'em in your pockets,
B7   E
Way down yonder in the paw-paw patch.

Verse 3

E
Where, oh where is pretty little Susie?
B7
Where, oh where is pretty little Susie?
E
Where, oh where is pretty little Susie?
B7   E
Way down yonder in the paw-paw patch.

Verse 4

E
Come on, boys, let's go find her,
B7
Come on, boys, let's go find her,
E
Come on, boys, let's go find her,
B7   E
Way down yonder in the paw-paw patch.

Chorus

E
Pickin' up paw-paws, puttin' 'em in your pockets,
B7
Pickin' up paw-paws, puttin' 'em in your pockets,
E
Pickin' up paw-paws, puttin' 'em in your pockets,
B7   E
Way down yonder in the paw-paw patch.

Polly-Wolly-Doodle

American

Verse 1

     F
Oh, I went down south for to see my Sal,
                      C7
Singing polly-wolly-doodle all the day,

Oh my Sal she is a spunky gal,
      B♭   **C7**   **F**
Singing polly-wolly-doodle all the day.

Chorus

Fare thee well, fare thee well,
             C7
Fare thee well my fairy fay,

For I'm going to Louisiana,

For to see my Susy Anna,
      F
Singing polly-wolly-doodle all day

Verse 2

Oh, my Sal she is a maiden fair,
                    C7
Singing polly-wolly-doodle all the day,

With curly eyes and laughing hair,
    B♭   **C7**   **F**
Singing polly-wolly-doodle all the day.

Chorus

Verse 3

Oh, a grasshopper sitting on a railroad track,
                       C7
Singing polly-wolly-doodle all the day,

A-pickin' his teeth with a carpet tack,
    B♭   **C7**   **F**
Singing polly-wolly-doodle all the day.

Verse 4   Oh, I went to bed but it wasn't no use,
                                                C7
              Singing polly-wolly-doodle all the day,

              My feet stuck out like a chicken roost,
                B♭   **C7**   **F**
              Singing polly-wolly-doodle all the day.

Chorus

Verse 5   Behind the barn, down on my knees,
                                                C7
              Singing polly-wolly-doodle all the day,

              I thought I heard a chicken sneeze,
                B♭   **C7**   **F**
              Singing polly-wolly-doodle all the day.

Chorus

Verse 6   He sneezed so hard with the whooping cough,
                                                C7
              Singing polly-wolly-doodle all the day,

              He sneezed his head and tail right off,
                B♭   **C7**   **F**
              Singing polly-wolly-doodle all the day.

Pretty Saro

American

Verse 1

E   F#m   C#m   B
Down in lonesome valley, in a lonesome place,
       E   F#m
Where the wild birds do whistle,
     G#m   B
And their notes do increase,
      E   F#m C#m   B7
Farewell pretty Saro, I bid you adieu,
          E   F#m   C#m B
And I'll dream of pretty Saro wherever I go.

Verse 2

        E   F#m   C#m B
When I first come to this coun–try
   E   F#m G#m
In eighteen and forty-nine,
B E   F#m   G#m   B
   I saw many fair lovers but I never saw mine,
   E   F#m   C#m   B7
I viewed it all around me, saw I was quite alone,
   E   F#m   C#m   B
And me a poor stranger and a long way from home.

Verse 3

      E   F#m   C#m B
My love she won't have me, so I understand,
      E   F#m   G#m   B
She wants a free holder who owns house and land,
      E   F#m   C#m   B7
I cannot maintain her with silver and gold,
      E   F#m   C#m   B
And all of the fine things a big house can hold.

```
        E      F#m                    C#m      B
```
If I were a merchant and could write a fine hand,
```
        E          F#m           G#m         B
```
I'd write my love a letter that she'd understand,
```
        E                  F#m             C#m   B7
```
I'd write her by the river, where the waters flow,
```
            E              F#m     C#m  B
```
But I'll dream of pretty Saro wherever I go.

```
            E        F#m     C#m              B
```
Farewell to ol' mother, farewell to my father too,
```
            E          F#m       G#m          B
```
I'm going for to ramble this wide world all through,
```
            E          F#m       C#m         B7
```
And when I get weary, I'll sit down and cry,
```
            E          F#m          C#m      B
```
And think of my Saro, pretty Saro, my bride.

Red River Valley

American

Verse 1

         D   **A7**   **D**
Come and sit by my side, if you love me,
               A7
Do not hasten to bid me adieu,
D   **G**
But remember the Red River Valley,
A7   **D**
And the cowboy that loves you so true.

Verse 2

         D   **A7**   **D**
Won't you think of this valley you're leaving?
               D
Oh, how lonely, how sad it will be,
D   **G**
Oh, think of the fond hearts you're breaking,
A7   **D**
And the grief you are causing me.

Verse 3

         D   **A7**   **D**
From this valley they say you are going,
                 A7
When you go, may your darling go too?
D   **G**
Would you leave me behind unprotected,
A7   **D**
When she loves no other but you?

Verse 4

          D   A7
I have promised you, darling,
          D   A7
That never will a word from my lips cause you pain,
          D   G
And my life, it will be yours forever,
          A7   D
If you only will love me again.

Verse 5

          D   A7   D
I've been thinking a long time, my darling,
                              A7
Of the sweet words you never would say,
          D   G
Now, alas, must my fond hopes all vanish,
          A7   D
For they say you are going away.

Verse 6

          D   A7   D
They will bury me where you have wandered,
                              A7
Near the hills where the daffodils grow,
          D   G
When you're gone from the Red River Valley,
          A7   D
For I can't live without you I know.

The Riddle Song

American

Intro

| E | A |
| E | B7 |

Verse 1

```
   E              A                  E
I gave my love a cherry that had no stone.
   B7             E                  B7
I gave my love a chicken that had no bone.
                 E            B7
I told my love a story that has no end,
   A            E        A E
I gave my love a baby with no cryin'.
```

Verse 2

```
   E              A                  E
How can there be a cherry that has no stone?
   B7             E                  B7
How can there be a chicken that has no bone?
                 E            B7
How can you tell a story that has no end?
   A            E        A E
How can there be a baby with no cryin'?
```

Link

| E | A |
| E | B7 |

Verse 3

```
   E              A                  E
A cherry when it's bloomin', it has no stone,
   E              E                  B7
A chicken when it's pipping, it has no bone.
                 E            B7
The story that I love you, it has no end,
   A    E          A E
A baby's sleeping, has no cryin'.
```

Rise Up Shepherd And Follow

American

Verse 1

        D
There's a star in the east on Christmas morn,
A   **C**   **A**
Rise up shepherd and follow.
       D   **Bm**
It will lead to the place where the Savior's born,
               D
Rise up shepherd and follow.

Chorus

Follow, follow,
        C   **G** **D**
Rise up shepherd and follow.
           Bm
Follow the star of Bethlehem.
E7   **A7**   **D**
Rise up shepherd and follow.

Verse 2

Leave your sheep and leave your lambs,
A   **C**   **A**
Rise up shepherd and follow.
D   **Bm**
Leave your ewes and leave your rams,
               D
Rise up shepherd and follow.

Chorus

Follow, follow,
      C   **G D**
Rise up shepherd and follow.
           Bm
Follow the star of Bethlehem.
E7   **A7**   **D**
Rise up shepherd and follow.

Verse 3

If you take good heed to the angel's words,
A   **C**   **A**
Rise up shepherd and follow.
      D   **Bm**
You'll forget your flocks; you'll forget your herds,
           D
Rise up shepherd and follow.

Chorus

Follow, follow,
      C   **G D**
Rise up shepherd and follow.
           Bm
Follow the star of Bethlehem.
E7   **A7**   **D**
Rise up shepherd and follow.

Roll In My Sweet

American

Verse 1

    A
Ain't gonna live in the country,
              E7
Ain't gonna live on the farm,
     A
Well, I'll lay 'round the shack
     D
'Til the mail train comes back,
  E7   **A**
And I'll roll in my sweet baby's arms.

Chorus

Roll in my sweet baby's arms,
              E7
Roll in my sweet baby's arms,
A
Lay around the shack,
    D
'Til the mail train comes back,
  E7   **A**
Then I'll roll in my sweet baby's arms.

Verse 2

Sometimes there's a change in the ocean,
               E7
Sometimes there's a change in the sea,
A   **D**
Sometimes there's a change in my own true love,
    E7   **A**
But there's never a change in me.

Chorus

Verse 3

A

Mama's a ginger cake baker,

 E7

Sister can weave and spin,

A   D

Dad's got an interest in that old cotton mill,

 E7   A

Just watch that old money roll in.

Chorus

Verse 4

 A

They tell me your parents don't like me,

 E7

They have drove me away from your door,

 A   D

If I had all my time to do over again,

 E7   E

I would never go there any more.

Chorus

Roll in my sweet baby's arms,

 E7

Roll in my sweet baby's arms,

A

Lay around the shack,

 D

'Til the mail train comes back,

 E7   A

Then I'll roll in my sweet baby's arms.

Rosin The Beau

Irish

Verse 1

     D
I've travelled all over this world,
          Bm
And now to another I go,
     D
And I know that good quarters are waiting,
        A7   **D**
To welcome old Rosin the Beau.
                  G
To welcome old Rosin the Beau,
     D   **Bm**
To welcome old Rosin the Beau,
     D
And I know that good quarters are waiting,
        A7   **D**
To welcome old Rosin the Beau.

Verse 2

When I'm dead and laid out on the counter,
                    Bm
A voice you will hear from below,
     D
Saying "Send down a hogshead of whiskey,
        A7   **D**
To drink with old Rosin the Beau.
                  G
To drink with old Rosin the Beau,
     D   **Bm**
To drink with old Rosin the Beau,"
     D
Saying "Send down a hogshead of whiskey,
        A7   **D**
To drink with old Rosin the Beau."

Verse 3

Then get a half dozen stout fellows,
             Bm
And stack them all up in a row,
     D
Let them drink out of half-gallon bottles,
        A7   **D**
To the mem'ry of Rosin the Beau.
                  G
To the mem'ry of Rosin the Beau,

            D   **Bm**
To the mem'ry of Rosin the Beau,
           D
Let them drink out of half-gallon bottles,
              A7   **D**
To the mem'ry of Rosin the Beau.

Verse 4   Then get this half dozen stout fellows,
                             Bm
And let them all stagger and go,
           D
And dig a great hole in the meadow,
             A7   **D**
And in it put Rosin the Beau.
                     G
And in it put Rosin the Beau,
           D   **Bm**
And in it put Rosin the Beau,
           D
And dig a great hole in the meadow,
             A7   **D**
And in it put Rosin the Beau.

Verse 5   Then get ye a couple of bottles,
                             Bm
Put one at me head and me toe,
           D
With a diamond ring scratch upon 'em,
             A7   **D**
The name of old Rosin the Beau.
                     G
The name of old Rosin the Beau,
           D   **Bm**
The name of old Rosin the Beau,
           D
With a diamond ring scratch upon 'em,
             A7   **D**
The name of old Rosin the Beau.

St. James Infirmary

Traditional

Verse 1

          Dm   **A7**   **Dm**
I went down to the St. James Infirmary,
    Gm Dm
Saw my baby there.
             A7   **Dm**
She was lyin' on a long white table,
       A7   **Dm**
So sweet, so cool, so fair.
       A7   **Dm**
Went up to see the doctor,
       Gm   **Dm**
"She's very low," he said.
       A7   **Dm**
Went back to see my baby,
           A7 Dm
Great God! She was lyin' dead.

Verse 2

          A7   **Dm**
I went down to old Joe's bar-room,
    Gm Dm
On the corner, by the square,
         A7   **Dm**
They were servin' drinks as usual,
       A7   **Dm**
And the usual crowd was there.
       A7   **Dm**
On my left stood Joe McKennedy,
       Gm   **Dm**
His eyes bloodshot red,
       A7   **Dm**
He turned to the crowd around him,
       A7   **Dm**
These are the words he said:

		A7	Dm

Verse 3

                          A7   **Dm**
"Let her go, let her go, God bless her,
        Gm   **Dm**
Wherever she may be,
                A7   **Dm**
She may search this wide world over,
           A7   **Dm**
She'll never find a man like me.
     A7   **Dm**
Oh, when I die, please bury me,
        Gm   **Dm**
In my high top Stetson hat.
        A7   **Dm**
Put a gold piece on my watch chain,
             A7   **Dm**
So they'll know I died standing pat.

                     A7   **Dm**

Verse 4

Get six gamblers to carry my coffin,
           Gm   **Dm**
Six chorus girls to sing my song.
       A7   **Dm**
Put a jazz band on my tailgate,
       A7 Dm
To raise hell as we go along."
       A7   **Dm**
Now that's the end of my story;
      Gm   **Dm**
Let's have another round of booze,
            A7
And if anyone should ask you,
   Dm   **A7**   **D**
Just tell them I've got the St. James Infirmary blues.

Santa Lucia

Italian

Verse 1

     C   **G7**
Now 'neath the silver moon,
     C
Ocean is glowing,
           G7
O'er the calm billow,
         C
Soft winds are blowing.
          Dm7
Now 'neath the silver moon,
G7   **C**
Ocean is glowing,
           G7
O'er the calm billow,
         C
Soft winds are blowing.

Chorus 1

            F
Who then will sail with me,
        C
In my boat o'er the sea?
      G7   **C**
Santa Lucia, Santa Lucia!
           F
Who then will sail with me,
        C
In my boat o'er the sea?
      G7   **C**
Santa Lucia, Santa Lucia!

                                     G7
Verse 2   Here balmy zephyrs blow,
                                C
                   Pure joys invite us,
                                G7
                   And as we gently row,
                                C
                   All things delight us.
                             Dm7
                   Here balmy zephyrs blow,
                   G7   **C**
                   Pure joys invite us,
                                G7
                   And as we gently row,
                                C
                   All things delight us.

                                  F
Chorus 2   Who will embark with me,
                                C
                   On yonder sparkling sea?
                         G7   **C**
                   Santa Lucia, Santa Lucia!
                                  F
                   Who will embark with me,
                                C
                   On yonder sparkling sea?
                         G7   **C**
                   Santa Lucia, Santa Lucia!

Scarborough Fair

Traditional

Verse 1

Em   Bm   G   Bm
Are you going to Scarborough Fair?
Em   C#m7♭5 Em   Bm
Parsley, sage, rosemary and thyme,
       A   Em   D
Remember me to a bonny lass there,
    G   D   B   Em
For once she was a true love of mine.

Verse 2

        Bm   G   Bm
Tell her to make me a cambric shirt,
Em   C#m7♭5 Em   Bm
Parsley, sage, rosemary and thyme,
         A   Em   D
Without any needle or thread work'd in it,
    G   D   B   Em
And she shall be a true love of mine.

Verse 3

        Bm   G   Bm
Tell her to wash it in yonder well,
Em   C#m7♭5 Em   Bm
Parsley, sage, rosemary and thyme,
         A   Em   D
Where water ne'er sprung, nor drop of rain fell,
    G   D   B   Em
And she shall be a true love of mine.

Verse 4

        Bm   G   Bm
Tell her to plough me an acre of land,
Em   C#m7♭5 Em   Bm
Parsley, sage, rosemary and thyme,
         A   Em   D
Between the sea and the salt sea strand,
    G   D   B   Em
And she shall be a true love of mine.

Verse 5

        Bm   **G**   **Bm**
Tell her to plough it with one ram's horn,
Em   **C♯m7♭5** **Em**   **Bm**
Parsley, sage, rosemary and thyme,
            A   **Em**   **D**
And sow it all over with one peppercorn,
    G   **D** **B**   **Em**
And she shall be a true love of mine.

Verse 6

        Bm   **G**   **Em**
Tell her to reap it with a sickle of leather,
Em   **C♯m7♭5** **Em**   **Bm**
Parsley, sage, rosemary and thyme,
          A   **Em** **D**
And tie it all up with a tom-tit's feather,
    G   **D** **B**   **Em**
And she shall be a true love of mine.

Verse 7

        Bm   **G**   **Bm**
Tell her to gather it all in a sack,
Em   **C♯m7♭5** **Em**   **Bm**
Parsley, sage, rosemary and thyme,
          A   **Em**   **D**
And carry it home on a butterfly's back,
    G   **D** **B**   **Em**
And she shall be a true love of mine.

Shady Grove

American

Verse 1

Em   D
Wish I was in Shady Grove,
Em   D   Em
Sittin' in a rockin' chair,
     Bm   D
And if those blues would bother me,
Em   B7   Em
I'd rock away from there.

Chorus

              D
Shady Grove my little love,
Em   D   Em
Shady Grove I say,
Bm   D
Shady Grove my little love,
Em   B7   Em
Bound for Shady Grove.

Verse 2

             D
Had a banjo made of gold,
Em   D   Em
Every string would shine,
     Bm   D
The only song that it would play,
Em   B7   Em
Was "Wish That Girl Was Mine."

Chorus

Verse 3

        D
When I was in Shady Grove,
Em   **D**   **Em**
Heard them pretty birds sing,
    Bm   **D**
The next time I go to Shady Grove,
Em   **B7**   **Em**
Take along a diamond ring.

Chorus

Verse 4

Em   **D**
When you go to catch a fish,
Em   **D**   **Em**
Fish with a hook and line,
    Bm   **D**
When you go to court a girl,
Em   **B7**   **Em**
Never look back behind.

Chorus

Verse 5

Em   **D**
When I was a little boy,
Em   **D**   **Em**
All I wanted was a knife,
Bm   **D**
Now I am a great big boy,
Em   **B7** **Em**
I'm lookin' for a wife.

Chorus

         D
Shady Grove my little love,
Em **D**   **Em**
Shady Grove I say,
Bm   **D**
Shady Grove my little love,
Em   **B7**   **Em**
Bound for Shady Grove.

Shall We Gather At The River?

Words and Music by Robert Lowry

Verse 1

E
Shall we gather at the river,
B
Where bright angel feet have trod,
E
With its crystal tide forever,
       B   B7   E
Flowing by the throne of God?

Chorus

A   E
Yes, we'll gather at the river,
   B7   E
The beautiful, the beautiful river;
A   E
Gather with the saints at the river
   B   B7   E
That flows by the throne of God.

Verse 2

On the bosom of the river,
B
Where the Savior King we own,
E
We shall meet and sorrow never,
        B   B7   E
'Neath the glory of the throne.

Chorus

A   E
Yes, we'll gather at the river,
   B7   E
The beautiful, the beautiful river;
A   E
Gather with the saints at the river
   B   B7   E
That flows by the throne of God.

Verse 3

Ere we reach the shining river,
B
Soon our pilgrimage will cease,
E
Grace our spirits will deliver,
    B   **B7**   **E**
And provide a robe and crown.

    A   **E**

Chorus

Yes, we'll gather at the river,
    B7   **E**
The beautiful, the beautiful river;
A   **E**
Gather with the saints at the river
    B   **B7**   **E**
That flows by the throne of God.

Verse 4

Soon we'll reach the silver river,
B
Soon our pilgrimage will cease;
E
Soon our happy hearts will quiver
    B **B7** **E**
With the melody of peace.

    A   **E**

Chorus

Yes, we'll gather at the river,
    B7   **E**
The beautiful, the beautiful river;
A   **E**
Gather with the saints at the river
    B   **B7**   **E**
That flows by the throne of God.

Shenandoah

American

Verse 1

D   Bm   D
Oh, Shenandoah   I long to hear you,
G   Em   D
Away,   you rolling river,
F♯m Bm   F♯m   G
   Oh, Shenandoah   I long to hear you,
D Bm G   D   G   D   A D
   Away, I'm bound away, across the wide Missouri.

Verse 2

Bm   D
Oh, Shenandoah   I love your daughter,
G   Em   D
Away,   you rolling river,
Bm   F♯m   G
For her I'd cross   your roaming water,
D Bm G   D   G   D   A D
   Away, I'm bound away, across the wide Missouri.

Verse 3

Bm   D
'Tis seven years   since I have seen you,
G   Em   D
Away,   you rolling river,
F♯m Bm   F♯m   G
   Oh, Shenandoah   I long to see you,
D Bm G   D   G   D   A D
   Away, I'm bound away, across the wide Missouri.

Verse 4
              Bm   **D**
Oh, Shenandoah   I'm bound to leave you,
  G   **Em**   **D**
Away,   you rolling river,
F♯m **Bm**   **F♯m**   **G**
  Oh, Shenandoah   I'll not deceive you,
D **Bm G**   **D** **G**   **D**   **A D**
  Away, I'm bound away, across the wide Missouri.

Verse 5
              Bm   **D**
Oh, Shenandoah   I'll not forget you,
  G   **Em**   **D**
Away,   you rolling river,
F♯m **Bm**   **F♯m**   **G**
  Oh, Shenandoah   you're in my mem'ry,
D **Bm G**   **D** **G**   **D**   **A D**
  Away, I'm bound away, across the wide Missouri.

Verse 6
          D   **Bm**   **D**
Oh, Shenandoah   I long to hear you,
  G   **Em**   **D**
Away,   you rolling river,
F♯m **Bm**   **F♯m**   **G**
  Oh, Shenandoah   I long to hear you,
D **Bm G**   **D** **G**   **D**   **A D**
  Away, I'm bound away, across the wide Missouri.

She Wore A Yellow Ribbon

Traditional

Verse 1

    D
'Round her neck, she wore a yellow ribbon,

She wore it in the springtime,
    E7   **A7**
And in the month of May.
    D
And if you asked her,

Why the heck she wore it,
                  A7   **D**
She'd say, "It's for my lover, who is far, far away."

Chorus

    G   **D**
Far away, far away,
              A7
She wore it for her lover far away.
D
'Round her neck she wore a yellow ribbon.
                A7 **D**
She wore it for her lover who is far, far away.

Verse 2

'Round the block she pushed a baby carriage,

She pushed it in the springtime,
    E7   **A7**
And in the month of May.
    D
And if you asked her,

Why the heck she wore it,
                A7   **D**
She'd say, "It's for my lover, who is far, far away."

	G D

Chorus   Far away, far away,

                               A7

            She wore it for her lover far away.
            D
            'Round her neck she wore a yellow ribbon.
                          A7 D
            She wore it for her lover who is far, far away.

Verse 3   Around her thigh she wore a yellow garter,

            She wore it in the springtime,
            E7   **A7**
            And in the month of May.
            D
            And if you asked her,

            Why the heck she wore it,
                           A7   **D**
            She'd say, "It's for my lover, who is far, far away."

             G   **D**

Chorus   Far away, far away,
                             A7
            She wore it for her lover far away.
            D
            'Round her neck she wore a yellow ribbon.
                         A7 D
            She wore it for her lover who is far, far away.

Simple Gifts

Traditional

Verse 1

```
      G        Em
'Tis the gift to be simple,
      Bm      Em
'Tis the gift to be free,
      A              D
'Tis the gift to come down where you ought to be,
      G                    D/F♯ Em    Bm
And when we find ourselves in the place just right,
      Am           D            G
It will be in the valley of love and delight.
```

Chorus

```
Bm   Em    Bm    C
When true simplicity is gained,
      G                  D
To bow and to bend we shan't be ashamed.
      G    C     G
To turn, turn will be our delight,
        Am    D         G    C    G
'Til by turning, turning we come 'round right.
```

Verse 2

```
      G        Em
'Tis the gift to be loved
        Bm      Em
And that love to return,
        Am              D
'Tis the gift to be taught and a richer gift to learn,
        G
And when we expect of others
        D/F♯ Em    Bm
What we try to live each day,
        Am           D            G
Then we'll all live together and we'll all learn to say.
```

Chorus

    Bm Em   Bm   C
When true simplicity is gained,
    G   D
To bow and to bend we shan't be ashamed.
    G   C   G
To turn, turn will be our delight,
        Am   D   G   C   G
'Til by turning, turning we come 'round right.

Verse 3

         G   Em
'Tis the gift to have friends
    Bm   Em
And a true friend to be,
      Am
'Tis the gift to think of others,
     D
Not to only think of "me,"
    G
And when we hear what others,
    D/F♯   G   D
Really think and really feel,
        Am   G   D   G
Then we'll all live together with a love that is real.

Chorus

    Bm Em   Bm   C
When true simplicity is gained,
    G   D
To bow and to bend we shan't be ashamed.
    G   C   G
To turn, turn will be our delight,
        Am   D   G   C   G
'Til by turning, turning we come 'round right.

Skye Boat Song

Scottish

Chorus
```
G                          D7
```
Speed bonnie boat, like a bird on the wing,
```
G              C    D
```
Onward, the sailors cry.
```
G                       D7
```
Carry the lad who was born to be king,
```
G        C    G
```
Over the sea to Skye.

Verse 1
```
                        Am
```
Loud the winds howl, loud the waves roar,
```
Em
```
Thunder clouds rend the air,
```
G             Am
```
Baffled, our foes stand on the shore,
```
Em
```
Follow they will not dare.

Chorus

Verse 2
```
G                     Am
```
Though the waves leap, soft shall ye sleep,
```
Em
```
Ocean's a royal bed,
```
G                  Am
```
Rocked in the deep, Flora will keep,
```
Em
```
Watch by your weary head.

Chorus

Verse 3

    G   **Am**
Many's the lad fought on that day,
Em
Well the claymore could wield,
G   **Am**
When the night came, silently lay,
Em
Dead on Culloden's field.

Chorus

Verse 4

G   **Am**
Burned are our homes, exile and death,
Em
Scatter the loyal men,
G   **Am**
Yet, e'er the sword cool in the sheath,
Em
Charlie will come again.

Chorus

G   **D7**
Speed bonnie boat, like a bird on the wing,
G   **C**   **D**
Onward, the sailors cry.
G   **D7**
Carry the lad who was born to be king,
G   **C**   **G**
Over the sea to Skye.

Sometimes I Feel Like A Motherless Child

African-American

Verse 1

Em
Sometimes I feel like a motherless child,
C   Em
Sometimes I feel like a motherless child,

Sometimes I feel like a motherless child,
  C7   E7   F♯m7♭5
A long way from my home.
A7   C7 Em B7 Em
  A long way from home.
               C7 Em   F♯m7♭5
True believer, a long way from home,
A7   C7 Em B7 Em
  A long way from home.

Verse 2

Em
Sometimes I feel like I'm almost gone,
C   Em
Sometimes I feel like I'm almost gone,

Sometimes I feel like I'm almost gone,
C7   E7   F♯m7♭5
Way up in the heav'nly land,
A7 C7   Em B7
  Way up in the heav'nly land,
         C7   Em   F♯m7♭5
True believer, way up in the heav'nly land,
A7 C7   Em B7   Em
  Way up in the heav'nly land,

Verse 3

Em
Motherless children have a hard time,
C   **Em**
Motherless children have such a hard time,

Motherless children have such a really hard time,
C7 E7   **F♯m7♭5**
A long way from my home.
A7   C7 Em B7 Em
  A long way from home.
                C7 Em   **F♯m7♭5**
True believer, a long way from home,
A7   C7 Em B7 Em
  A long way from home.

Verse 4

Em
Sometimes I feel like freedom is near,
C   **Em**
Sometimes I feel like freedom is here,

Sometimes I feel like freedom is so near,
        C7 E7   **F♯m7♭5**
But we're so   far from home.
A7 C7 E7   **F♯m7♭5**
   So   far from home,
           C7 E7   **F♯m7♭5**
True believer, so   far from home,
           C7 E7   **F♯m7♭5**
But we're so   far from home.

Springfield Mountain

Traditional

Verse 1

      G   **D7**
On Springfield Mountain there did dwell
              G
A comely youth I knew full well.

Chorus

             D7
Too roo de noo, too roo de nay.
             G
Too roo de noo, too roo de nay.

Verse 2

             D7
One Monday morning he did go,
             G
Down in the meadow for to mow.

Chorus

Verse 3

G   **D7**
He had not mowed quite 'round the field,
             G
When a poison serpent bit his heel.

Chorus

Verse 4

G   **D7**
He took his scythe and with a blow,
             G
He laid the poison serpent low.

Chorus

             D7
Too roo de noo, too roo de nay.
             G
Too roo de noo, too roo de nay

Verse 5

     G   D7
He took the serpent in his hand,
                                  G
And straight away went to Molly Bland.

Chorus

Verse 6

     G   D7
Now Molly had a ruby lip,
                            G
With which the poison she did sip.

Chorus

Verse 7

     G   D7
But Molly had a rotten tooth,
                            G
And so the poison killed them both.

Chorus

Verse 8

     G   D7
And all their friends both far and near,
                          G
Did howl and cry, they were so dear.

Chorus

Verse 9

     G   D7
Now all you maids, a warning take,
                          G
From Molly Bland and Tommy Blake.

Chorus

                          D7
Too roo de noo, too roo de nay.
                         G
Too roo de noo, too roo de nay.

The Streets Of Laredo

Traditional

Verse 1

| | D | A7 | D | Bm | A7 |

As I was a-walkin' the streets of La– –redo,

| | D/F♯ | G | D | A7 |

As I walked out in Laredo one day,

| | D | A7 | Bm | A7 |

I spied a young cowboy all wrapped in white linen,

| | D/F♯ | G | A7 | D |

All wrapped in white linen as cold as the clay.

Verse 2

| | A7 | Bm | A7 |

"I see by your outfit that you are a cowboy"

| | D/F♯ | G | D | A7 |

These words he did say as I boldly stepped by.

| | D | A7 | Bm | A7 |

"Come sit down beside me and hear my sad story,

| | D/F♯ | G | A7 | D |

I was shot in the breast and I know I must die."

Verse 3

| | A7 | Bm | A7 |

"It was once in the saddle I used to go dashing,

| | D/F♯ | G | D | A7 |

Once in the saddle I used to go gay,

| | D | A7 | Bm | A7 |

First down to Rosie's and then to the card house,

| | D/F♯ | G | A7 | D |

Got shot in the breast, I am dying today."

Verse 4

             A7   **Bm**   **A7**
"Get sixteen gamblers to carry my coffin,
    D/F♯ **G**   **D**   **A7**
Let six jolly cowboys come sing me a song.
D   **A7**   **Bm**   **A7**
Take me to the graveyard and lay the sod o'er me,
    D/F♯   **G**   **A7**   **D**
For I'm a poor cowboy and I know I've done wrong."

Verse 5

               A7   **Bm**   **A7**
"Oh, bang the drum slowly and play the fife lowly,
D/F♯   **G**   **D**   **A7**
Play the dead march as you carry me along,
D   **A7**   **Bm** **A7**
Put bunches of roses all over my coffin,
D/F♯ **G**   **A7**   **D**
Roses to deaden the clods as they fall."

Swing Low, Sweet Chariot

African-American

Chorus

|D   Bm   Em7 A7|
Swing low, sweet chari–ot,
Bm   F♯m   Em7 A7
Coming for to carry me home,
D   Bm   Gmaj7 Em7 A7
Swing low, sweet chari– – –ot,
D   G   Em7 A7 D
Coming for to carry me home.

Verse 1

                    Gmaj7   A7
I looked over Jordan and what did I see,
Bm   F♯m   Em
Coming for to carry me home?
A7   D   Bm   Em7   A7
   A band of angels coming after me,
D   Em7 A7 D
Coming for to carry me home.

Chorus

Verse 2

                Gmaj7 A7
If you get there before I   do,
Bm   F♯m   Em
Coming for to carry me home,
A7   D   Bm   Em7   A7
   Tell all my friends I'm coming too,
D   Em7 A7 D
Coming for to carry me home.

Chorus

Verse 3   **Gmaj7   A7**
The brightest day that ever I   saw,
Bm   **F♯m**   **Em**
Coming for to carry me home,
A7   **D**   **Bm**   **Em7** **A7**
   When Jesus washed my sins   away,
D   **Em7 A7 D**
Coming for to carry me home.

Chorus

Verse 4   **Gmaj7**   **A7**
I'm sometimes up and sometimes down,
Bm   **F♯m**   **Em**
Coming for to carry me home,
A7   **D**   **Bm**   **Em7**   **A7**
   But still my soul feels heavenly bound,
D   **Em7 A7 D**
Coming for to carry me home.

Chorus   **D**   **Bm**   **Em7 A7**
Swing low, sweet chari–ot,
Bm   **F♯m**   **Em7 A7**
Coming for to carry me home,
D   **Bm**   **Gmaj7 Em7 A7**
Swing low, sweet chari– – –ot,
D   **G**   **Em7 A7 D**
Coming for to carry me home.

This Train

Traditional

Verse 1

D   A7   D
This train is bound for glory, this train,
            G   A
This train is bound for glory, this train,
D   D7
This train is bound for glory,
G   D
Don't carry nothing but the righteous and the holy,
            A7   D
This train is bound for glory, this train.

Verse 2

            A7   D
This train don't carry no gamblers, this train,
            G   D
This train don't carry no gamblers, this train,
D   D7
This train don't carry no gamblers,
G   D
No crap shooters, no midnight ramblers,
            A7   D
This train is bound for glory, this train.

Verse 3

            A7   D
This train is built for speed now, this train,
            G   A
This train is built for speed now, this train,
D   D7
This train is built for speed now,
G   D
Fastest train you ever did see,
            A7   D
This train is bound for glory, this train.

              A7   **D**
This train don't carry no liars, this train,
              G   **A**
This train don't carry no liars, this train,
D   **D7**
This train don't carry no liars,
G   **D**
No hypocrites and no high flyers,
          A7   **D**
This train is bound for glory, this train.

              A7   **D**
This train don't carry no rustlers, this train,
              G   **A**
This train don't carry no rustlers, this train,
D   **D7**
This train don't carry no rustlers,
G   **D**
Sidestreet walkers, two-bit hustlers,
          A7   **D**
This train is bound for glory, this train.

Times A-Getting Hard

American

Verse 1

D   G
Times a-getting hard boys,
A7   D
Money's getting scarce,
               G
Times don't get no better boys,
A7   D
Gonna leave this place.
            G
Take my true love by her hand;
A7
Lead her through the town,
D7   G
Say goodbye to everyone,
      A7   D
Goodbye to everyone.

Verse 2

             G
Had a job some time ago,
A7   D
Had a little home,
             G
Now I've got no place to go,
A7   D
Guess I'll have to roam.
            G
Every wind that blows boys,
A7
Every wind that blows,
D7   G
Carries me to some new place,
A7   D
Heaven only knows.

                G
Made a crop a year ago,
A7   **D**
It withered to the ground,
            G
Tried to get some credit,
        A7   **D**
But the banker turned me down.
           G
Goin' to California,
        A7
Where ev'rything is green,
D7   **G**
Goin' to have the best farm,
A7   **D**
That you have ever seen.

Verse 4

           G
Take my Bible from the bed,
A7   **D**
Shotgun from the wall,
          G
Take old Sal and hitch her up,
      A7   **D**
The wagon for to haul.
          G
Pile the chairs and beds up high,
    A7
Let nothing drag the ground,
D7   **G**
Sal can pull and we can push,
    A7   **D**
We're bound to leave this town.

Tom Dooley

American

Chorus

A
Hang down your head, Tom Dooley,
                             E7
Hang down your head and cry.

Hang down your head, Tom Dooley,
                     A
Poor boy, you're going to die.

Verse 1

A
I met her on the mountain,
         E7
And there I took her life.

I met her on the mountain,
               A
And I stabbed her with my knife.

Chorus

A
Hang down your head, Tom Dooley,
                             E7
Hang down your head and cry.

Hang down your head, Tom Dooley,
                     A
Poor boy, you're going to die.

Verse 2

A
This time tomorrow,
E7
Reckon where I'll be?

In some lonesome valley,
A
Hangin' on a white oak tree.

Chorus

A
Hang down your head, Tom Dooley,
E7
Hang down your head and cry.

Hang down your head, Tom Dooley,
A
Poor boy, you're going to die.

Twelve Gates To The City

American

                E
Chorus   Oh, what a beautiful city,
                B7   **E**   **B7**
                Oh, what a beautiful city,
                E
                Oh, what a beautiful city,
                A7   **E** **B7** **E** **A7** **E**
                Twelve gates to the city, hallelu– – – –jah.

Verse 1   Three gates in the east,

                Three gates in the west,

                Three gates in the north,

                Three gates in the south,
                A7   **E** **B7** **E** **A7** **E**
                Twelve gates to the city, hallelu– – – –jah.

Chorus

                E
Verse 2   Oh, who are those children dressed in red?

                There's twelve gates to the city, hallelujah.

                Must be the children that Moses led,
                A7   **E** **B7** **E** **A7** **E**
                Twelve gates to the city, hallelu– – – –jah.

Chorus

                              E
Verse 3   My Jesus done just what He said,

               There's twelve gates to the city, hallelujah.

               He healed the sick and He raised the dead,
               A7   **E   B7 E A7 E**
               Twelve gates to the city, hallelu– – – –jah.

Chorus

                              E
Verse 4   When I get to Heav'n gonna sing and shout,

               There's twelve gates to the city, hallelujah.

               Ain't nobody there gonna put me out,
               A7   **E   B7 E A7 E**
               Twelve gates to the city, hallelu– – – –jah.

               E
Chorus   Oh, what a beautiful city,
               B7   **E**   **B7**
               Oh, what a beautiful city,
               E
               Oh, what a beautiful city,
               A7   **E   B7 E A7 E**
               Twelve gates to the city, hallelu– – – –jah.

The Wabash Cannonball

Traditional

Verse 1

G
From the great Atlantic Ocean,
G7   C
To the wide Pacific shore,
Am   D7   D
From the ones we leave behind us,
              G   C   G
To the ones we see once more.

She's mighty tall and handsome,
G7 C
And quite well known by all,
D7
How we love the choo-choo,
                        G
Of the Wabash Cannonball.

Chorus

G
Hear the bell and whistle calling,
G7   C
Hear the wheels that go "clack-clack,"
G7   D
Hear the roaring of the engine,
          G   C   G
As she rolls along the track.

The magic of the railroad,
G7   C
Wins hearts of one and all,
        D7
As we reach our destination,
                        G
On the Wabash Cannonball.

Verse 2

      G
Listen to the rhythmic jingle,
G7   **C**
And the rumble and the roar,
Am   **D7**   **D**
As she glides along the woodlands,
        G   **C** **G**
Through the hills and by the shore.

You hear the mighty engine,
G7 **C**
And pray that it won't stall,
D7
While we safely travel
         G
On the Wabash Cannonball.

Chorus

      G

Verse 3

She was coming from Atlanta,
G7 **C**
On a cold December day.
Am   **D7**   **D**
As she rolled into the station,
       G   **C**   **G**
I could hear a woman say,

"He's mighty big and handsome,
G7 **C**
And sure did make me fall,
D7
He's a-comin' toward me
         G
On the Wabash Cannonball."

Chorus

Wayfaring Stranger

American

Verse 1

        Dm
I am a poor, wayfaring stranger,
        Gm   **A**
While trav'ling through this world of woe.
Dm
Yet there's no sickness, toil or danger,
      Gm   **Dm**
In that bright world to which I go.
     B♭   **C7**   **F**
I'm going there to see my father,
     B♭   **C7**   **Dm**
I'm going there, no more to roam.

Chorus

I'm only going over Jordan,
      Gm   **Dm**
I'm only go–ing over home.

Verse 2

         Dm
I know dark clouds will gather round me,
      Gm   **A**
I know my way is rough and steep.
Dm
But golden fields lie just before me,
      Gm   **Dm**
Where God's redeemed shall ever sleep.
     B♭   **C7**   **F**
I'm going there to see my mother,
         B♭   **C7**   **Dm**
She said she'd meet me when I come.

Chorus

Dm

Verse 3 I'll soon be free from every trial,
Gm   **A**
My body sleep in the churchyard.
Dm
I'll drop the cross of self denial,
Gm   **Dm**
And enter on my great reward.
B♭   **C7**   **F**
I'm going there to see my Savior,
B♭   **C7**   **Dm**
To sing his praise for – ev – er – more.

Chorus I'm only going over Jordan,
Gm   **Dm**
I'm only go – ing over home.

When Johnny Comes Marching Home

Words and Music by Patrick S. Gilmore

Verse 1

      Em
When Johnny comes marching home again,
   G
Hurrah! Hurrah!
     Em
We'll give him a hearty welcome then,
  G   **B7**
Hurrah! Hurrah!

The men will cheer and the boys will shout.
  Cmaj7   **B7**
The ladies they will all turn out.
         Em Am Em
And we'll all   feel   gay,
B   **Em**   **D Em**
When Johnny comes marching home.

Verse 2

     Em
Get ready for the Jubilee,
   G
Hurrah! Hurrah!
     Em
We'll give the hero three times three,
  G   **B7**
Hurrah! Hurrah!

The laurel wreath is ready now,
  Cmaj7   **B7**
To place upon his loyal brow.
         Em Am Em
And we'll all   feel   gay,
B   **Em**   **D Em**
When Johnny comes marching home.

Em
The old church bell will peal with joy,
G
Hurrah! Hurrah!
Em
To welcome home our darling boy,
G   B7
Hurrah! Hurrah!

The village lads and lassies say,
Cmaj7   B7
With roses they will strew the way.
Em Am Em
And we'll all   feel gay,
B   Em   D Em
When Johnny comes marching home.

Em
Let love and friendship on that day,
G
Hurrah! Hurrah!
Em
Their choicest treasures then display,
G   B7
Hurrah! Hurrah!

And let each one perform some part,
Cmaj7   B7
To fill with joy the warrior's heart.
Em Am Em
And we'll all   feel gay,
B   Em   D Em
When Johnny comes marching home.

When The Saints Go Marching In

Words by Katherine E. Purvis
Music by James M. Black

Verse 1

    D   **D7 G**
I'm just a weary   pilgrim,
    D   **A**
Plodding through this world of sin.
    D   **D7 G**
Getting ready for that city,
    D   **A7**   **D**
When the saints go marching in.

Chorus

When the saints go marching in,
                   A
When the saints go marching in,
    D   **D7**   **G**
Lord, I want to be in that number,
    D   **A7**   **D**
When the saints go marching in.

Verse 2

    D   **D7 G**
My father loved the Savior,
    D   **A**
What a soldier he had been!
    D   **D7**   **G**
But his steps will be more steady,
    D   **A7**   **D**
When the saints go marching in.

Chorus

When the saints go marching in,
                   A
When the saints go marching in,
    D   **D7**   **G**
Lord, I want to be in that number,
    D   **A7**   **D**
When the saints go marching in

Verse 3

     D   **D7 G**
My mother, may God bless her,
     D   **A**
I can see her now as then.
     D   **D7 G**
With a robe of white a– –round her,
        D   **A7**   **D**
When the saints go marching in.

Chorus

Verse 4

     D   **D7 G**
Up there I'll see the Savior,
     D   **A**
Who redeemed my soul from sin.
     D   **D7 G**
With extended hands He'll greet me,
        D   **A7**   **D**
When the saints go marching in.

Chorus

When the saints go marching in,
                A
When the saints go marching in,
     D   **D7**   **G**
Lord, I want to be in that number,
     D   **A7**   **D**
When the saints go marching in.

Will The Circle Be Unbroken?

Traditional

Verse 1

       G
I was standing by my window,
     C   **G**
On one cold and cloudy day,

When I saw that hearse come rolling,
    A7   **D7**
For to take my mother away.

Chorus

       G
Will the circle be unbroken,
    C   **G**
By and by, Lord, by and by?
     C   **G**
There's a better home awaiting,
  D **D7**   **G**
In the sky, Lord, in the sky.

Verse 2

       G
Oh, I told the undertaker,
     C   **G**
Undertaker please drive slow,

For this lady you are carrying,
    A7   **D7**
Lord, I hate to see her go.

Chorus

Verse 3

       G
I will follow close behind her,
     C   **G**
Try to hold up and be brave,

But I could not hide my sorrow,
    A7   **D7**
When they laid her in the grave.

Chorus

             G
Verse 4   I went back home, my home was lonesome,
               C   **G**
      Missed my mother, she was gone,

      All of my brothers, sisters crying,
           A7   **D7**
      What a home so sad and lone.

Chorus

             G
Verse 5   We sang the songs of childhood,
              C   **G**
      Hymns of faith that made us strong,

      Ones that mother Maybelle taught us,
         A7   **D7**
      Hear the angels sing along.

             G
Chorus   Will the circle be unbroken,
             C   **G**
      By and by, Lord, by and by?
            C   **G**
      There's a better home awaiting,
         D   **D7**   **G**
      In the sky, Lord, in the sky.

Worried Man Blues

American

Verse 1

G   G7
It takes a worried man to sing a worried song.
C   G
It takes a worried man to sing a worried song.
                      B7   Em
It takes a worried man to sing a worried song.
           D7   G
I'm worried now, but I won't be worried long.

Verse 2

G   G7
I went across the river, and I lay down to sleep.
C   G
I went across the river, and I lay down to sleep.
                      B7   Em
I went across the river, and I lay down to sleep,
           D7   G
When I woke up, had shackles on my feet.

Verse 3

           G   G7
Twenty-nine links of chain around my leg.
C   G
Twenty-nine links of chain around my leg.
                      B7   Em
Twenty-nine links of chain around my leg,
           D7   G
And on each link is initial of my name.

Verse 4

           G   **G7**
I asked the judge what might be my fine.
        C   **G**
I asked the judge what might be my fine.
                       B7   **Em**
I asked the judge what might be my fine,
             D7   **G**
Twenty-one years on the Rocky Mountain line.

Verse 5

           G   **G7**
The train arrived, sixteen coaches long.
         C   **G**
The train arrived, sixteen coaches long.
                      B7   **Em**
The train arrived, sixteen coaches long,
          D7   **G**
The girl I love is on that train and gone.

Verse 6

        G   **G7**
If anyone asks you who composed this song.
        C   **G**
If anyone asks you who composed this song.
                      B7   **Em**
If anyone asks you who composed this song,
          D7   **G**
Tell him it was I and I sing it all day long.

Ye Banks And Braes
O' Bonnie Doon

Scottish

Intro

| G | D7 | G |
| C | G | D7 |

Verse 1

G   D7   G   D7
Ye banks and braes o' bonnie Doon,
     G   C   G   D7
How can ye bloom sae fresh and fair,
     G   D7   G   D7
How can ye chant ye little birds,
     G   C   D7   G
And I sae weary full o' care.

Verse 2

Ye'll break my heart ye warbling birds,
                      C   G   D7
That wanton through the flow–erin' thorn,
    G   D7   G   D7
Ye 'mind me o' departed joys,
    G   C   G D7 G
Departed nev–er to return.

Link

| G | D7 | G |
| C | G | D7 |

Verse 3

       G   **D7**   **G**   **D7**
Oft ha'e I roved by bonnie Doon,
       G   **C**   **G**   **D7**
To see the rose and woodbine twine,
       G **D7**   **G**   **D7**
And ilka bird sang o' its love,
         G   **C**   **D7 G**
And fondly sae did I o' mine.

Verse 4

Wi' lightsome heart I stretch'd my hand,
               C   **G D7**
And pu'd a rosebud from the tree,
      G   **D7 G**   **D7**
But my false lover stole my rose,
      G   **C G D7**   **G**
And left and left the thorn wi' me.

Chord Finder